초등 1-3학년 학습 다이어리

An elementary school Study diary

21세기북스

샤론코치 이미애 지음

CONTENTS

4   프롤로그.
"초등 학습이 아이의 입시를 결정합니다"

8   내 아이 인적 사항

9   자녀 학습법 진단하기

10   내 아이 1년 학습 목표

12   초등학교 월별 주요 행사

14   중학교 월별 주요 행사

16   초등 과목별 학습 로드맵

20   초등 입학 전(7세) 학습법

22   초등 저학년(1-3학년) 학습법

26   초등 고학년(4-6학년) 학습법

30   주간 계획표 활용법

32   3월의 코칭
학부모 총회에 참석합니다

46   4월의 코칭
과학의 달에 상도 받고 영재교육원도 알아봅시다

60   5월의 코칭
우리 아이는 2015 개정 교육과정에 맞는 인재인가요?

74	**6월의 코칭**
	학교에 어떤 상이 있는지 알아볼까요?
88	**7월의 코칭**
	여름 방학을 준비해 볼까요?
102	**8월의 코칭**
	우리 동네 학교를 알아볼까요?
116	**9월의 코칭**
	주 단위로 '주간 계획표' 만들기
130	**10월의 코칭**
	입시에서 독서가 가지는 의미는?
144	**11월의 코칭**
	진로탐색주간, '자유학기제와 우리 아이 진로'
158	**12월의 코칭**
	엄마표 영어, 효과적인 방법은?
172	**1월의 코칭**
	행복한 아이가 공부를 잘한다?!
186	**2월의 코칭**
	엄마의 10년 후도 준비해 볼까요?
264	**Q&A**
	엄마들이 궁금해하는 초등 학습 18문 18답

프롤로그 *Prologue*

"초등 학습이
아이의 입시를 결정합니다"

요즘의 입시는 단순하지 않습니다.
학력고사와 수능시험 결과만 좋으면 명문대에 합격하던 시절은 추억입니다.
대학은 더 이상 시험 점수만으로 학생을 선발하지 않습니다.
학생들은 꾸준히 시간을 들여 학교가 원하는 인재로 성장해야 합니다.
그 성장의 핵심은 초등 학습에 있습니다.

교육과 입시는 다릅니다

자녀를 올바르게 교육하고 기르는 것과 입시는 구분 지어 생각해야 합니다. 전작 <엄마주도학습>에서 밝혔듯 아무리 재능이 뛰어난 아이도 제대로 갈고닦지 않으면 제 빛을 발하지 못합니다. 공부는 머리가 아닌 습관으로 하는 것이기 때문입니다. 입시의 핵심도 여기에 있습니다. 지속적으로 갈고닦아서 스스로를 학교가 원하는 인재로 만들어야 합니다. 그러기 위해서는 학습 습관이 중요합니다.

입시는 단순하지 않습니다. 학력고사 혹은 수능을 보고 배치표에서 점수에 맞는 학교와 학과를 골라 상향, 안정, 하향 지원했던 시절도 있었습니다. 학교나 학과를 이전 합격자의 성적에 맞춰 지원하면 대부분 합격했습니다. 그러나 요즘의 입시는 달라졌습니다. 성적 하나만 보고 학생을 선발하지 않습니다. 당장 2018학년도 대입 모집 현황을 봐도 수시 모집이 73.7%, 정시 모집이 26.3%입니다. 수시 모집 또한 학생부 교과전형, 학생부종합전형, 논술전형, 실기전형 등으로 나눠집니다. 수시와 정시의 비율은 학교에 따라 다를 수 있습니다. 단 수시 전형의 선발 방식은 크게 다르지 않습니다. 서울대는 78.5%의 학생을 학생부종합전형으로만 선발합니다. 학생부는 내신을 의미하고, 종합은 학생의 활동을 다각적으로 평가한다는 뜻입니다. 즉, 내신성적과 학생의 여러 활동을 다각적으로 평가해 선발한다는 것이죠. 연세대와 고려대를 비롯해 서울에 있는 대다수 명문대들이 같은 전형으로 다수의 학생을 선발하고 있습니다. 그렇다면 학생들은 성공적인 입시를 위해 어떻게 해야 할까요?

학생의 자기주도학습이 중요해집니다

입시 방식의 변화는 학생들에게 다른 능력을 요구합니다. 학업역량을 기본으로 전공적합성, 발전 가능성, 인성 등 종합적 능력을 필요로 합니다. 이렇게 다각적인 역량을 기르기 위해서는 장기간의 준비가 필요합니다. 스스로의 진로에 대해 끊임없이 연구하고 증빙을 남겨야 합니다. 중학교 자유학기제, 특목고 자기주도학습전형 등 주요 교육 과정마다 공통적으로 같은 능력을 요구하고 있습니다. 그래서 학생들이 반드시 갖춰야 하는 것이 자기주도학습법입니다.

스스로 배우는 법을 아는 아이들은 성적이 우수할 뿐 아니라 세상을 살면서 마주하게 되는 수많은 난관 앞에서 결코 주눅 들거나 물러섬이 없습니다. 상황을 적극적으로 돌파해나가는 힘을 가지고 있기 때문입니다. 문제해결력이 없는 사람 앞에 놓인 문턱은 걸림돌이지만, 주도적으로 문제를 해결하는 사람 앞에 놓인 문턱은 성공을 향한 디딤돌이 됩니다. 그러나 자기주도학습은 독학이 아닙니다. 아이들도 공부하는 방법을 배워야만 자기주도학습이 가능합니다. '스스로 배우는 학습 습관'을 잡아줄 필요가 있습니다. 처음 공부를 시작할 때 바르게 잡힌 습관 하나가 아이를 성장시키고 성공으로 이끄는 강력한 무기가 됩니다.

초등학생 때의 학습 습관이 입시를 좌우합니다

자기주도학습의 기본을 다질 수 있는 시기가 초등학생 때입니다. 초등학생 시절, 학습 습관만 잘 만들어주면 아이는 성장하고 성공하는 것에 가장 필요한 무기를 얻게 됩니다. 한번 만들어진 학습 습관이 입시를 넘어 평생을 좌우하기 때문이죠.

초등 1학년부터 6학년, 중학교 1학년까지의 7년 시간은 명문대 합격을 위한 기초 공사를 해야 하는 시기입니다. 혹자는 초등학생 때 무슨 입시를 거론하냐고 할 수 있습니다. 그러나 교육과 입시가 다르다는 것을 인지하고, 아이가 원하는 학교의 입시요강을 읽어보면 왜 장시간의 준비가 필요한지 확인할 수 있습니다. 또한 초등부터 중등, 고등까지의 12년 동안 입시를 향해 조금씩 나아가는 아이들이 지치지 않고 꾸준히 달리기 위해서는 페이스 조절도 필수적입니다. 이 모든 과정을 아이에게 익히게 할 수 있는 시기가 바로 초등학생 시절입니다. 중학교만 가도 여유 시간이 한없이 부족해 집니다. 중학교부터는 아이가 익힌 자기주도학습법을 통해 공부를 시작해야 합니다. 그래서 초등 학습의 중요성은 반복하고 반복해도 부족합니다.

이 시기의 핵심은 '무엇'이 아니라 '어떻게'입니다. 거창한 선행학습보다 '하루 공부 30분', '하루 문제집 3장 풀기' 등 실행 가능한 계획이 필요합니다. 매일 계획을 실천하면서 아이는 스스로 어떻게 공부를 해야 하는지를 습관화할 수 있습니다. 그 습관이 자기주도학습을 가능하게 하는 바탕이 됩니다. 그러나 부모가 날로 복잡해지고 다양한 형태로 변화하는 교육과정에 맞춰 아이에게 학습의 '어떻게'를 알려주는 것은 쉬운 일이 아닙니다. 매일 어떻게 공부를 해야 하는지 기준을 만들기도 쉽지 않습니다. 그래서 초등 학습 다이어리가 필요합니다. 아이늘의 학습 플래너 역할을 하는 부모에게 필수품입니다.

초등 학습 다이어리, 학습 플랜을 완성합니다

김연아에게 오서 코치가 있었듯, 신랑 신부에게는 웨딩을 돕는 웨딩 플래너가 있듯 우리 아이들에게도 학습 습관을 함께 만들어 주고 공부의 기준을 잡아줄 수 있는 플래너가 필요합니다. 부모는 아이들의 학습 플래너가 되어 공부에 관한 모든 것을 계획하고 관리하며 준비해야 합니다. 진정한 자기주도학습을 통해 목표를 달성하고 성과를 창출할 수 있도록, 아이들이 스스로를 연마할 수 있는 길을 제시해야 합니다.

초등 학습 다이어리는 부모 플래너들을 위한 가이드 북이자 실천노트입니다. 대치동에서 학습 플래너로 수만 명의 학생들에게 학습 가이드를 제공한 샤론코치의 노하우를 모두 공개합니다. 국어·영어·수학 사회·과학 등 주요 과목을 어떻게 공부해야 하는지, 독서와 논술을 어떻게 습관화할 수 있는지, 초등학교 저학년과 고학년 아이들에게 무엇이 중요한지, 무엇에 신경을 쓰고 관리해 주어야 하는지, 매달 교과 과정과 행사에 따라 중요 요소는 무엇인지 세세하게 담았습니다. 부모 플래너들이 "오늘은 이걸 확인하면 되겠구나", "이번 달에는 이게 중요하구나"하며 저절로 아이의 학습 플랜을 완성할 수 있도록 친절한 다이어리 형식을 따랐습니다. 직접 쓰고 체크하며 내 아이에 맞춰진 학습 계획표를 완성할 수 있는 기초로 활용할 수 있습니다. 많은 부모 플래너들이 꼭 도움을 얻을 수 있기를 바랍니다.

교육 컨설턴트라는 직업적인 특성상 다양한 고민을 가진 학부모를 수없이 만납니다. 하루가 다르게 변해 가는 환경과 교육 정책을 쫓아가는 부모 입장에서 내 아이의 미래가 불안할 수밖에 없습니다. 이 책을 준비하게 된 이유도 사교육의 늪에서 괴로워하고, 어떤 것을 따라야 할지 몰라 수많은 정보에 휘둘리는 부모들에게 도움이 되기를 바랐기 때문입니다. 부모님들이 아이에게 맹목적으로 성적을 강요하기 보다 지치지 않고 어떻게 공부해야 하는지 방법을 이야기해줄 수 있도록 가이드를 주고 싶었습니다. 그 모든 마음을 초등 학습 다이어리에 담았습니다. 별거 아닌 방법 같아도 꾸준히 하면 아이의 학습 습관을 만들어 줄 수 있습니다. 눈에 바로 보이지 않아도 아이는 매일 아주 작은 걸음으로 성장하고 있습니다. 입시라는 긴 결승점을 향해 부모와 아이 모두 지치지 않고 나아가는 일에 도움이 될 것이라 믿습니다.

이미애

내 아이 인적 사항

NAME. ○ MALE ○ FEMALE
BIRTHDAY.
GRADE(LEVEL).
E-MAIL.
MOBILE PHONE.
ADDRESS.

자녀 학습법 진단하기

질문	예	아니오
1 아이가 학교 시간표를 외우고 있다.	☐	☐
2 매일 저녁 내일 배울 과목과 진도를 확인한다.	☐	☐
3 오늘 배운 내용을 자기 전 복습한다.	☐	☐
4 교과서를 여러 번 반복해서 읽는다.	☐	☐
5 수업 시간에 노트한 내용을 다시 정리한다.	☐	☐
6 수업 시간에 궁금했던 내용은 꼭 찾아서 확인한다.	☐	☐
7 매일 공부할 양을 정하고 스스로 약속을 지킨다.	☐	☐
8 시험 한 달 전, 공부 계획을 세우고 실천한다.	☐	☐
9 시험을 볼 때 끝까지 최선을 다한다.	☐	☐
10 오답은 분석한 후 반드시 이해하고 넘어간다.	☐	☐

* 자녀가 스스로 학습법을 진단하도록 합니다.
  10개 질문 모두 '예'라고 답할 수 있는 학습 습관을 만들어 갑니다.

내 아이 1년 학습 목표

03 March

04 April

05 May

09 September

10 October

11 November

06 June

07 July

08 August

12 December

01 January

02 February

초등학교 월별 주요 행사

공립초등학교   사립초등학교
              (공통 사항 제외)

3월

입학식
임원선거(전교 / 학급)
임원 수련회
학교설명회(오전) | 학부모 총회(오후)
학부모 상담주간
토요(주중) 방과 후 학교 / 동아리
학부모단체(녹색어머니, 학부모 보안관)

4월

과학의 달 행사 주간 / 독도 교육 주간
학부모 공개수업
컵스카우트, 제니단 **현장체험학습**
소 체육대회(모범어린이상 시상)
가정 진로탐색 주간

과학종합대회
영재학급 개교식

5월

학교 자율휴업일(가정 체험학습주간)
책 사랑 시상 / 동요 부르기 대회
수영교육
학급 알뜰시장
나라사랑 행사
독서토론대회(5~6학년)

영어 쓰기 대회(3~6학년)
이야기대회(1~6학년)
부자캠프

9월

친구 사랑 행사
임원선거(전교 / 학급)
임원 수련회
학부모 상담주간 / 공개수업
대운동회
독서의 달

미술잔치

10월

가정 체험학습(추석)
경필 쓰기 대회
현장체험학습
한마음 마라톤 대회(4~6학년)
수영 / 동아리

11월

영어 말하기 대회
학교폭력예방교육
방과 후 공개수업

6月

UCC 공모전 시상
호국보훈의 달(나라사랑 글짓기 그림)
명사초청의 날 / 진로의 날
진로교육주간
방과 후 공개수업

사랑 나눔 바자회
컴퓨터 경진대회(2~6학년)

7月

플래너 시상 / 플래너 전시회
여름방학(7/25 방학)
여름 방과 후 학교
여름 영어캠프

영어인증(3~6학년)

8月

여름방학(8/28개학)
교내 학생탐구발표대회(4~6학년 희망자)

음악 경연 대회
자유탐구(3~6학년)
독서토론대회(5~6학년)

12月

줄넘기 인증상
겨울방학(12/29방학)

1月

겨울방학(1/26개학)

스키캠프(4~6학년)

2月

꿈, 끼 탐색 주간
종업식 / 졸업식

오케스트라 연주회
한자 경진대회(1~6학년)

중학교 월별 주요 행사

3月

봉사

4月

중간고사(4/28~5/2)

5月

백일장
사생대회

6月

영어듣기평가
토론대회
국가수준 학업성취도평가(3학년)

7月

기말고사(7/3~7/6)
꿈, 끼 탐색 주간
국제문화 나눔 대회

8月

자선음악회
잉글리시 에세이 콘테스트

9月

중간고사(9/27~9/29)

10月

영어듣기평가
전시마당

11月

중3 기말고사(11/1~11/6)
중1, 2 수련활동
논술대회

12月

중1, 2 기말고사(12/12~12/15)
중3 테마여행
공연마당
겨울방학(12/29 방학식)

1月

겨울방학(1/29 개학)

2月

종업식 졸업식(2/1)

미리 알고 시작하자!

중학생 자기주도학습 실천 10개명

1. 꿈이 있는 자는 스스로 한다.
2. 실현 가능한 목표를 설정한다.
3. 자신만의 예습, 복습법이 있어야 한다.
4. 교과서를 이해한 후 문제풀이를 한다.
5. 교과서를 보면 수업태도를 알 수 있다.
6. 전체를 파악한 후에 읽기와 외우기다.
7. 노트 정리도 전략이 필요하다.
8. 성공체험이 쌓이면 공부가 재미있다.
9. 오답노트를 다시 보면 성적이 올라간다.
10. 방학은 복습할 수 있는 기회다.

초등 과목별 학습 로드맵

국어

"국어는 이과의 변별이다"

국어는 모국어이기 때문에 소홀할 수 있다. 유아부터 초등 저학년까지 책육아를 하다가 정작 초등학교 4학년부터는 바쁘다는 이유로 독서를 멀리한다. 더불어 국어가 시험용 국어로 변하면 아이들은 당황한다. 수능은 문법·화법·작문·독서 비문학 영역으로 출제되는데, 정작 우리 아이들은 문법·화법도 어려워한다. 이과 학생들은 초등학교 3학년부터 수학, 과학에 시간을 많이 빼앗기기 때문에 국어 실력은 점차 낮아지고 결국에는 국어 내신, 수능 국어에서 낮은 점수를 받아 명문대 진학이 어려워진다. 때문에 국어는 꾸준한 학습이 필요하다.

[학습 목표]
- 국어는 모든 과목의 도구다.
- 시험용 국어 공부로 학습방향을 전환해야 한다.
- 한자어 습득은 고급한국어 사용의 기본이다.
- 문법·화법·작문 등은 기본적인 기술도 필요하다.
- 요즘 수능 국어 문제는 수학, 과학 등 다양한 과목의 지문이 출제된다.
- 독서를 기초로 독해 능력을 키워야 한다.

[추천 학습법]
- 유아부터 다양한 책을 접한다.(인문/자연/예체능/진로)
- 초등 2학년부터 시험용 국어에 대비한다.(학습지 추천)
- 초등 3학년부터 어휘력 증대에 힘쓴다.
  (KBS 한국어 어휘능력 시험)
- 초등 4학년부터 한자어 공부에 힘쓴다.
- 초등 6학년부터 중등 1학년 사이에 국어능력인증시험 (TOKL) 교재를 구입해 공부한다.
- 중등 1학년부터 중학교 내신 공부도 준비한다.

수학

"수학으로 대학 간다"

수학은 놀이수학, 교구수학, 교과수학, 사고력수학, 경시수학으로 나뉜다. 대부분 연산부터 시작하는데 이는 자칫 수학을 싫어하게 만들 수 있다. 교구수학이나 사고력 수학을 공부 하지 않고 연산이나 교과 수학만 중요시하면 내신이나 수능에서 어려운 문제를 풀 수 없게 된다. 수능은 A부터 E까지 난이도가 있기 때문에 수학 공부를 너무 쉽게 하면 고득점이 어려워진다. 특히 응시생의 20% 미만이 맞출 수 있게 출제되는 E형 문제를 맞추려면 어릴 적부터 깊이있는 실력을 만들어야 한다. 또한 수능 수학은 수학 가, 수학 나로 나뉘고 범위도 제각각 이지만, 몇 개의 문·이과 공통 문제가 있다. 따라서 수학을 못한다고 문과에 가면 결코 상위권이 될 수 없다. 문과에서 공부 잘 하는 학생은 수학을 잘 하는 학생이다.

[학습 목표]
- 수학은 수능 수학과 한국수학 올림피아드(KMO)로 구분할 수 있다.
- 대부분 학생들의 수학 목표는 수능 수학이다.
- 영재고/과학고를 준비하는 학생들은 한국수학 올림피아드 (KMO)까지 도전하기도 한다.
- 수학은 놀이수학-교구수학-사고력수학-교과수학-경시수학 순으로 학습 과정이 진행된다.
- 대입 수시에서는 수능 1등급이 목표, 정시에서는 수능 만점을 목표로 한다.

[추천 학습법]
- 유아부터 초등 저학년까지 두뇌 계발에 집중한다.
- 초등 1학년부터 3학년까지 사고력수학을 중심으로 공부한다.
- 초등 3학년 이후 자녀의 능력에 맞게 교과선행을 시작한다.
- 초등 4학년 이후 경시대회에 출전해 아이의 실력을 검증해본다.
- 초등 수학의 경우 기본-응용-심화-경시 수준으로 나뉘는데, 제 학년 기준으로 심화와 경시 중간단계까지 공부해야 한다.

영어[공인]

"영어로 밥 먹고산다"

영어에 대한 스트레스는 누구에게나 있다. 특히 학부모들은 어릴 적부터 영어를 잘 가르치고자 고액의 수업료를 요구하는 영어유치원도 능력만 된다면 보내고 싶어 한다. 그렇기 때문에 유아부터 초등까지의 영어 사교육은 심각하다. 반대로 중학교 내신은 절대평가이고, 고등학교 내신도 절대평가로 전환 예정이다. 이미 수능영어는 절대평가다. 이에 영어학원에 다니는 고등학생은 줄어들고 있다. 그러나 아이들이 내신영어나 수능영어만 한다면 과연 대학을 졸업한 후 대기업이나 전문대학원에서 요구하는 영어 능력을 가질 수 있는지 고민해야 한다. 실제로 영어공인성적을 요구하는 기관은 상당히 많다.

[학습 목표]
- 영어는 내신영어, 수능영어, 고급영어로 나뉜다.
- 내신은 지필평가와 수행평가로 나뉜다.
- 일부 중학교 내신에는 영어작문이 많이 나온다.
- 일부 중학교 수행평가에는 영어로 말하기, 영어로 토론하기, 영어 연극 등 영어 관련 활동이 많다.
- 중학교 내신영어는 문법 관련 항목이 많다.
- 학교생활기록부 독서기록에 영어원서를 기입하는 경우도 많다.

[추천 학습법]
- 유아부터 초등까지 듣기, 쓰기, 읽기, 말하기 영역을 골고루 발전시킨다.
- 유아부터 초등 저학년까지 영어는 놀이, 언어로 인식시킨다.
- 초등 고학년부터 학습식 영어, 시험용 영어로 발전시킨다.
- 영어유치원과 영어학원을 다녀오면 반드시 복습과 숙제를 해야 한다.
- 영어공인성적(IBT토플)은 학생 능력에 따라 준비한다.
- 초등 6학년 겨울방학을 기준으로 IBT 점수를 70점 이상으로 만들면 영어공부가 수월하다.
- 중학교 내신 전 문법 공부를 해야 한다.

사회/과학

"2015 개정 교육과정은 창의융합형 인재를 원한다"

2015 개정 교육과정 이후 학교 교육과정에 큰 변화가 생기고 있다. 이제 우리 아이들은 문과·이과로 나뉘고 교사의 판서를 그대로 베끼는 수업형태에서 벗어나 다른 수업을 받는다. 수업에 적극적으로 참여해야 하고 교사와 학생들이 함께 어울려 실험을 하고 탐구 보고서를 만들어야 한다. 과목 간의 벽도 허물어 국어·사회·과학이 혼재된 1편의 수행 평가서도 제출해야 한다. 문과학생이라도 과학을 잘 해야 하고, 이과 학생도 역사와 경제를 알아야 한다. 그렇다고 너무 복잡하게 생각하지 않아도 된다. 중학교 입학 후 주요 과목을 골고루 공부하고, 예체능의 경우 80점 이상의 성적을 유지한다고 생각하면 된다. 어릴 적부터 문과·이과 구분 없이 오히려 이과에 가까운 아이로 키우면 차후 진로를 정할 때 선택의 폭이 넓다.

[학습 목표/ 추천 학습법]
- 문과·이과 구분 없이 다양한 과목에 흥미를 갖고 공부해야 한다.
- 이과를 목표로 학습하면 학교 선택의 폭이 넓어진다.
- 한국사는 수능 필수 과목이다.
- 국어 시험에 과학·역사 지문이 많이 나오기 때문에 문과·이과 구분 없이 역사와 경제를 공부하면 도움이 된다.
- 과학은 흥미-실험-이론-경시 순서로 학습한다.
- 문과 성향의 학생도 과학에 쉽고 재미있게 접근할 수 있는 환경을 제공한다. 체험활동이나 영상보기도 좋다.

제2외국어

"글로벌 엘리트 만들기"

우리 아이들은 영어로 말하고 제2외국어로 소통한다. 제2외국어 실력은 또 다른 경쟁력이 된다. 이미 중학교에서는 제2외국어를 공부한다. 요즘 인기가 좋은 언어는 중국어다. 그렇다고 자칫 욕심을 부리면 어떤 언어도 제대로 할 수 없게 된다. 학습은 한국어-영어-제2외국어 순서대로 하면 효율적이다. 외고/국제고를 준비하는 학생들은 해당 외국어를 공부하는 게 도움이 된다. 실제로 외고/국제고 교육과정에는 제2외국어 시간이 많고 수능에서도 사회탐구 과목을 제2외국어로 대체하는 경우도 있다.

[학습 목표/ 추천 학습법]
- 유아 한자 공부는 단어 위주로 재미있게 한다. (미법친자군)
- 초등 3-4학년부터 한자 공부를 시작한다.(학습지)
- 초등 6학년부터 진학 예정인 중학교의 제2외국어를 확인하고 준비한다.
- 외고/국제고를 목표로 하는 학생은 제2외국어 공인시험에 도전한다.
- 영어를 잘 하면 다른 외국어도 쉽게 공부할 수 있다.
- 한자는 중국어와 다르므로, 한국어 내 한자어 공부는 별도로 해야 한다.(고급 한국어)
- 해당 나라를 여행하면 외국어 공부에 동기부여가 될 수 있다.

예체능/봉사

"1인 1악기 & 1인 1체육 익히기"

2015 개정 교육과정에서 양성하는 창의융합형인재, 특목고나 명문대에서 원하는 창의적인 세계인은 체력과 덕성, 지성, 감성을 갖춘 인재다. 체력은 강인한 체력과 건전한 정신함양을 말하고, 덕성은 타인에 대한 배려, 지성은 최고의 지성과 창의성을 말한다. 감성은 풍부한 문화적 감성 개발을 목표로 하는데 이때 요구되는 것이 체육과 음악, 미술 분야의 경험이다. 대부분 특목고에서는 1인 1악기, 1인 1체육을 목표로 한다. 요구하는 능력은 세미 프로 수준의 실력이다. 또한 문학, 연극, 영화 등 다양한 문화 양식을 경험하게 한다.

[학습 목표/ 추천 학습법]
- 유아부터 초등 3학년까지 다양한 예술. 체육 활동을 경험하게 해준디.
- 보는 눈, 듣는 귀를 만들어주는 것도 도움이 된다.
- 체육은 팀 운동과 개인 운동으로 구분할 수 있는데, 요즘은 팀 운동을 더 중요하게 여긴다. 팀 스포츠를 통해 협력, 타인에 대한 배려 등 인성을 기를 수 있기 때문이다.
- 초등 3학년 이후 음악 활동은 1인 1악기로 간결화한다.
- 초등 입학 전 미술 활동이 필요하다. 거창한 것보다는 풀칠하기, 가위질하기, 선긋기 등 기본 능력이 필요하며 아이디어를 표현하는 스케치 능력도 필요하다.
- 자유학기제 수업 중 PPT를 만들어 발표하는 시간이 많은데 이 때 배경음악, 자막 등 예술적 요소도 평가된다.

해피타임과 영재교육원

"해피타임이 아이의 적성을 만든다"

하루에 30분씩 꾸준하게 아이가 좋아하는 일을 할 수 있는 자유시간을 주자. 그 시간을 어떻게 보내는지 정해주거나 잔소리 하지 말고, 온전히 아이 스스로 좋아하는 일을 할 수 있도록 하는 것이 좋다. 또한 일주일에 한번, 3-4시간 정도 길게 아이가 좋아하는 것을 연구할 수 있는 해피데이를 만들자. 시간을 자유롭게 보내는 대신 활동 보고서를 써서 무엇을 했는지 스스로 정리할 수 있게 하면 전공과 적성을 찾는데 도움이 된다.

[활동 보고서 활용]
- 영재원: 산출물, 자기소개서 자료
- 특목고/명문대: 자기소개서 자료
- 명문대 실기전형: 우수성 입증자료 제출

[영재원 정보]
- GED(영재교육종합데이터베이스): ged.kedi.re.kr

[영재교육원]

이름	지원 시기	분야	모집정원
서울대 과학영재교육원	중등 1-2학년	수학·과학·정보	120명
연세대 과학영재교육원	초등 6학년, 중등 1학년	수학·과학	120명
서울교대 과학영재교육원	초등 3-5학년	수학·과학·정보	120명
대진대 과학영재교육원	초등 4학년-중등 1학년	수학·과학 (서울 / 경기)	100명
가천대 과학영재교육원	초등 4학년-중등 1학년	수학·과학·정보 (서울/경기)	100명
서울여대 정보 보안 영재교육원	초등 6학년-고등 2학년	정보 보안 (서울 / 경기 / 인천 / 강원)	90명
고려대 과학영재교육원	초등 3-5학년	융합 (수학+정보+언어+예술)	90명
이화여대 서대문 영재교육원	초등 4학년-중등 1학년	수학·과학·인문사회	120명

초등 입학 전(7세) 학습법

1
한글을 익히자

학교에서 한글을 처음 배우는 아이는 수업 중에 의기소침해지기 쉽고, 학업에 대한 의욕도 떨어질 가능성이 높다. 그렇기에 한글을 익힌 후 초등학교에 입학하기를 권한다. 6세에 읽기, 7세에 쓰기를 하면 된다. 한글을 익히면서 5세 30분, 6세 35분, 7세 40분 정도 책상에 앉아있는 공부 습관도 함께 길러주면 좋다.

2
의사 전달력을 키우자

학교생활은 의사소통의 연속이다. 선생님의 이야기를 이해하고, 자신의 생각을 전할 수 있어야 수업에 적극적으로 참여할 수 있다. 친구들과의 관계도 마찬가지이다. 그렇기에 평소 부모님과의 대화가 아이에게 가장 중요한 부분이다. 아이와 대화를 많이 하면서 아이가 하는 말에 귀 기울이고, 의사 표시를 분명히 할 수 있도록 이끌어 주면 된다.

3
두 자릿수 연산

초등학교 입학전 아이들은 50~100까지 숫자 세기, 한 자릿수 연산 등을 익힌다. 여기서 조금 더 숫자와 익숙해지는 시간을 가지고, 두 자릿수 연산까지 학습하기를 권한다. 학교 교과 과정에서 수학 공부에 흥미를 잃지 않으려면 숫자와 미리 친해지는 과정이 반드시 필요하다.

4
습관 만들기

- ☐ 연필 잡는 법(연필 교정기)
- ☐ 젓가락 사용법(급식은 수저와 젓가락 사용)
- ☐ 종이 접는 법과 가위 사용법(종이접기, 곡선 자르기)
- ☐ 규칙적인 기상과 아침 먹기(7시-7시 30분 기상)
- ☐ 배변 훈련(집에서 규칙적으로 볼일 보기)
- ☐ 가정에서 뛰어다니기보다 걸어 다니기
- ☐ 물건을 던지지 않고 두 손으로 전달하기
- ☐ 지각하지 않고 여유 있게 등교하기
- ☐ 알림장, 숙제는 잠자기 전 확인하기
- ☐ 40분간 앉아있는 연습하기
- ☐ 소리 내어 인사하기
- ☐ 식사를 깨끗이 하고 치우기
- ☐ "고맙습니다", "감사합니다"라고 말하기
- ☐ 컴퓨터, TV 사용 시간 지키기
- ☐ 정해진 시간에 잠들고 일어나기

초등 저학년(1-3학년) 학습법

1
받아쓰기 공부

- 초등학교 국어 교과서는 ㄱ, ㄴ 이렇게 한 글자씩 따라서 쓰고 읽는 것부터 시작한다.
- 1학년 1학기가 끝날 때쯤 기억에 남는 일과 자신의 생각을 적는 부분이 등장한다. 이때부터는 자신의 생각을 글로 쓸 수 있어야 한다.
- 모든 학습활동을 할 때 글씨를 읽고 쓸 줄 알아야 한다.
- 쓰기와 읽기를 병행해야 한다.

[학습 방법]
1. 매주 목요일 받아쓰기를 한다.
2. 받아쓰기한 문장을 2번씩 소리 내어 읽어 보고, 8칸 공책에 7번씩 바르게 써보자.
3. 낱말을 외우는 것과 함께 글씨를 바르게 쓸 수 있도록 노력하자.

2
국어

듣기·말하기	일상생활이나 학습 상황에서 바르고 적극적인 자세로 귀 기울여 듣고 말하며 고운 말, 바른 말을 사용하려는 태도를 지닌다.
읽기	글을 소리 내어 유창하게 읽으며, 읽기의 즐거움을 경험하고 글을 즐겨 읽는 태도를 지닌다.
쓰기	글자를 익혀 자신의 생각과 느낌을 간단한 글로 표현하고, 쓰기가 자신을 표현하는 유용한 방법임을 안다.
문법	우리 말과 글의 소중함을 안다. 낱말과 문장을 올바르게 이해하고 표현하는 기초 지식을 익힌다. 국어에 대한 관심과 호기심을 가진다.
문학	발상과 표현이 재미있는 작품을 다양하게 접하면서 문학이 주는 즐거움을 경험하고, 일상생활의 경험을 문학적으로 표현한다.

[학습 방법]
1. 국어사전을 이용해 고급 어휘를 익힌다.
2. 하루에 30분 이상 독서하는 습관을 만든다.
3. 읽은 책의 제목과 지은이를 기록한다. 그 중 본인에게 의미있고 영향을 준 책은 독서감상문을 써서 보관한다.
4. 정확한 뜻을 알 수 있도록 한자 공부를 충실히 한다.
5. 문법, 화법 공부를 통해 독해 능력을 키운다.
6. 논리적 사고 능력, 추리 능력, 비판적 사고 능력을 키울 수 있도록 가정 내에서 자연스러운 토론을 한다.

3
수학

수와 연산	세 자리 이하 수의 범위에서 수 개념을 이해하고, 덧셈과 뺄셈의 의미와 계산 원리를 이해한다. 두 자릿수 범위에서 덧셈과 뺄셈을 익힌다.
도형	입체도형과 평면도형의 모양을 알고 기본적인 평면도형을 직관적으로 이해하며, 그 구성 요소를 찾을 수 있다.
측정	양을 비교할 수 있고, 시각을 읽고 시간 단위 사이의 관계를 이해하며, 길이를 어림하고 잴 수 있다.
규칙성	물체, 무늬, 수의 배열에서 규칙을 찾고 규칙에 따라 물체, 무늬, 수를 배열할 수 있다.
확률과 통계	교실 및 생활 주변에서 사물들을 정해진 기준 또는 자신이 정한 기준으로 분류하여 개수를 세어 보고, 기준에 따라 경과를 이야기할 수 있다.

[학습 방법]
1. 수학은 입시에서 가장 중요한 과목이다. 따라서 기초부터 확실하게 익히고 기본적인 수 이해력을 높여야 한다.
2. 공식이 만들어지는 과정을 확실하게 이해해야 한다.
3. 기초 계산력을 키운다.
4. 식, 계산 과정은 크고 깨끗하게 줄 맞춰 쓰는 습관을 만든다.
5. 빨리 풀기보다 정확하게 푸는 것이 중요하다. 양보다는 정답률을 높이는 방향으로 학습한다.
6. 오답노트를 만들어 자주하는 실수의 원인을 알아낸다.
7. 교과서를 먼저 풀고, 문제집은 나중에 푼다.
8. 선행학습은 능력에 맞게 하는 것이 좋다. 선행은 응용 수준으로 진행하고, 제 학년 심화는 경시 수준까지 공부하길 추천한다.

4
영어

영어는 개인차가 가장 심한 과목이다. 여기에 입시 정책의 변화 역시 가장 큰 과목이다. 따라서 학습 시기와 전략이 더욱 중요하다. 단계별로 학습하고, 처음에는 영어에 대해 흥미를 가지는 것부터 시작하는 것이 좋다.

[학습 방법]
1. 흥미 유발 단계(1단계)에는 애니메이션, 방송 프로그램 등 미디어를 활용해 영어에 노출되는 횟수를 높인다.
2. 균형 학습 단계(2단계)에는 말하기, 듣기, 읽기, 쓰기 훈련을 시작한다. 수준에 맞는 영어 원서를 조금씩 읽는 것도 도움이 된다. *Lexile(렉사일) 지수를 활용한다.
3. 아카데믹한 영어 학습 단계(3단계)에는 문법, 단어습득, 듣기 평가, 학교 영어 수행 평가(프리젠테이션), 학교 시험 대비, 개인 능력에 따라 공인영어성적 취득까지 다양하게 학습계획을 짠다.

*Lexile(렉사일) 지수
영어 독해능력을 측정하는 지수. 영어 책을 선택할 때 본인의 렉사일 지수에 맞게 고르면 된다.

5
통합교과

바른 생활과	기본 생활과 기본 학습 습관의 형성을 통하여 바르게 생활하는 것이 목표
슬기로운 생활과	자신의 일상생활 주변에 지속적으로 관심을 갖고 이해를 넓히는데 목표
즐거운 생활과	창의적인 표현 능력을 기진 건강한 사람으로 자라도록 돕는 것이 목표

[학습 방법]
1. 전체적인 단원 구조를 파악한다.
2. 도표, 사진, 지도, 표를 이해하는 능력을 키운다.
3. 역사서를 읽어 역사 분야 학습 능력을 기른다.
4. 사회과 부도를 자주 읽는다.
5. 이해가 어려운 낱말이나 구절, 용어 등을 미리 학습한다.
6. TV 뉴스, 인터넷 뉴스, 신문 등을 통해 수업 연관 내용을 익힌다.

6
독서

그림책	오감 자극	만져 보기 예쁜 그림 보기 엄마가 읽어 주는 소리 듣기 한글 깨우치기	건강한 사람!
필독서/ 과학도서	학습 연계	예습, 자신감 집중력 성적 향상 배경 지식 증대	지적인 사람!
고전/ 명작/ 역사/ 인문사회	생각하는 힘	배경지식 논리력 사고력 통찰력	매력 있는 사람!
영어책/ 통합논술	소통 능력	말하기 쓰기 보여주기 구술, 논술(한국어, 영어)	통하는 사람!
위인전	롤모델	동기부여 워너비 미래 예측 진로 결정	성공한 사람!

[학습 방법]
- 독서는 입시에서 가장 중요한 요소다. 독서가 중요한 것은 다 알지만 초등학교 입학 후에는 바빠서 독서할 시간이 없다고 말한다. 그러나 독서는 시간이 남아서 하는 활동이 아니다. 시간이 날 때마다 책을 읽으며 휴식을 취하는 습관을 만든다.
- 2018년부터 중학교 국어 교과서에 통합적 독서교육을 위한 '한 학기 한 권 읽기' 단원이 신설된다. 독서가 교과로 접목되는 것이다.
- 2018학년도 수능 국어 문제를 살펴보면 지문의 양도 많고 지문의 내용도 문학, 비문학 분야가 통합적으로 출제되었다. 이처럼 독서량이 부족하면 절대로 풀 수 없는 문제가 많아지니 꾸준한 독서가 더욱 중요하다.
- 초등 3학년부터 교과서에 한자어 등 고급어휘가 등장하고 초등 고학년이 되면 주제의 난이도가 높아진다. 따라서 유아부터 초등 저학년까지 독서습관을 만들어야 한다.
- 인문·자연·예체능·진로 등 다양한 분야의 책을 읽는다.
- 초등 저학년까지 무리하게 독서감상문을 쓰지 않아도 괜찮다. 모든 책의 독서감상문을 쓸 필요가 없다는 뜻이다.
- 책을 읽은 후 아이가 그 주제에 관심을 가지면 관련 도서를 추천해주고 독서의 범위를 넓힌다.
- 독서의 범위를 종이책 뿐 아니라 영상 등 미디어로 확대한다.
- 아이가 영향을 받은 책은 반복해서 읽고, 독서감상문을 써서 기록으로 남기게 한다. 차후 학교생활기록부 기록이나 자기소개서의 소재가 될 수 있다.

초등 고학년(4-6학년) 학습법

1
학습 방법 점검

초등 고학년 학습의 기본은 양이 아니라 질이다. 책상에 앉아 문제를 풀었으면 85점은 나와야 한다. 그렇지 않다면 원인을 파악해서 해결해야 한다. 또한 독서를 습관화하는 것이 무엇보다 중요하다. 독서 후에는 가급적 기록을 남기도록 하자.

[학습 방법]
1. 국어는 모든 과목의 도구임을 잊으면 안된다.
2. 수학은 교과중심으로 학습량을 늘린다.
3. 영어는 개인의 능력에 따라 영어공인성적을 만든다.
4. 사회/과학은 주말동안 심화 과정을 학습한다.
5. 1인 1악기, 1인 1체육의 기초를 탄탄하게 다진다.
6. 독서를 통해 읽기와 쓰기(기록) 능력을 키운다.
7. 컴퓨터 능력을 기른다.
8. 6학년부터는 예비 중1 자유학기제, 내신 대비 등을 시작한다.

2
과목별 주요 변화 내용

국어	'통합적 독서 활동' 강화. 한 학기에 한 권의 책을 읽고 생각을 나누는 통합적 독서 활동 과정을 통해 다독보다는 깊이 있는 독서의 중요성을 인지한다.
수학	꼭 배워야 하는 필수 내용을 선별해 핵심 개념과 원리를 중심으로 교과 재구성. '문제 해결' '추론' '창의융합' '의사소통' '정보처리' '태도 및 실천' 등 6가지 수학 교과 역량을 강조. 단순 문제풀이보다 공학적 도구의 활용과 실생활에서의 활용이 가능한 내용 위주로 개편.
사회	지리, 역사, 일반사회로 나누어져 있는 영역을 유지하되 '주제 중심'의 통합 대단원으로 재구성. 신문이나 뉴스를 보며 사회현상에 대한 이해를 할 필요가 있다.
과학	'모든 이를 위한 과학(Science for All)'을 모토로 과학적 소양과 탐구 방법을 깨닫고 진로와 적성에 맞춰 교육이 이뤄지도록 변화. 과학중점고, 과학계열 특수목적고, 과학영재학교 등 다양하게 이수 경로를 구분 지어 실제 사례나 삶과 밀접한 내용을 위주로 한 교육 시행.

3
교육별 인문학 교육 강화 방안

국어	인문 고전 읽기 교육 강화, 토론 교육의 활성화 등
역사	역사적 사건 및 인물에서 배울 수 있는 삶의 교훈과 지혜의 성찰 등
도덕 (윤리)	일상생활 속 다양한 문제에 대한 윤리학(철학)적 성찰 등
과학	과학과 인간과 사회의 관계에 대한 이해, 과학의 역사와 문화 등
체육	스포츠 과학과 인간의 관계, 스포츠 문화의 이해 등
음악 미술	예술 활동 및 감상(비평)을 통한 예술적 감수성과 심미안 계발 등
기술 가정	가정을 기반으로 한 인간 발달에 대한 이해, 기술발전이 인류에 미친 영향 이해 등

4
저널 쓰기

저널 쓰기는 서술형 시험을 대비할 수 있는 좋은 훈련이다. 저널이란 사회 현상, 자연 현상, 주변에서 일어나는 일들, 나의 경험 등에 대해 쓰는 짧은 글이다. 사실 중심으로 쓰되 본인의 생각과 느낌을 종합적으로 더해 써야한다. 활동을 한 후 저널 쓰기를 통해 배운 내용을 자연스럽게 정리해보고, 논리적이고 종합적인 사고력을 키워보자.

5
활동 보고서 만들기

준비물: 카메라, 노트, 필기도구, 녹음기, 자료 파일
활동 후 정리: 동기 / 배운 점 / 느낀 점 / 영향

[정리 방법]
스크랩북 만들기
블로그에 정리하기
활동 보고서 만들기

[활동 보고서 쓰는 방법]
1. 구체적으로 쓴다.
2. 왜 이런 활동을 하게 되었는지 계기를 정확하게 쓴다.
3. 활동을 통해 배운 점과 느낌 점이 무엇인지, 그로 인해 내가 얼마나 성장했는지 기록한다.
4. 활동 중 힘들었던 점이나 어려운 점을 기록하고 이를 극복한 과정을 쓴다.
5. 공동 활동일 경우 스스로 어떤 역할을 했는지, 전체 활동에 어떤 기여를 했는지 분명하게 쓴다.
6. 활동 보고서를 스토리가 있도록 구성하면 더 강한 인상을 전달힐 수 있다.

활 동 보 고 서	
활동명	
참가자	
일자	
장소	
사진 1 **사진 2** **사진 3**	
동기	
배운 점	
느낀 점	
나의 변화	1. 생각의 변화 2. 행동의 변화

주간 계획표 활용법

1
주간 계획표란?

아이가 학교를 다니기 시작하면 모든 일정은 요일별로 움직인다. 매일 공통적으로 학교 수업이 있고, 그 외 요일 별로 학원이나 학습 일정이 생긴다. 월요일에 OO학원, 화요일에 OO스포츠센터 등이다. 그 외 다양한 활동이나 체험, 학습시간도 필요하다. 이때 주간 계획표를 활용하면 요일 별 일정을 한 눈에 알 수 있다. 아이 스스로 오늘 일정과 내일 일정을 확인할 수 있고, 부모의 도움을 덜 받으면서 일정에 맞춰 공부하는 습관도 만들 수 있다.

2
주간 계획표 어떻게 만들까?

우선 요일 별로 공통되는 학교 시간표를 먼저 적는다. 확정되어서 변동이 없는 학원 시간표도 적는다. 그러면 자연스럽게 개인적으로 활용할 수 있는 시간들을 알 수 있다. 자유 활용 시간에 국어·영어·수학·사회·과학 등 주요 과목 복습 시간과 독서, 가족과 보내는 시간, 아이가 하고 싶은 일을 하는 해피타임 등의 활동을 넣어 시간표를 완성하면 된다.

국어·영어·수학의 경우 학교에서 수업을 한 날에는 반드시 복습 시간을 가져야 한다. 체험이나 실험이 많은 사회·과학 과목의 경우 주말을 이용해 복습하는 것이 좋다. 초등 저학년까지는 엄마와 함께 책을 읽는 시간, 매일 30분씩은 아이가 하고 싶은 일을 자유롭게 할 수 있는 시간도 필요하다. 학교 숙제와 학원 숙제를 하는 시간도 있어야 한다. 이런 여러 요소들을 고려해 주간 계획표를 완성해 보자. 월요일부터 금요일 중 하루는 학원이나 학습이 없는 자유시간으로 만들어 주는 것도 중요하다. 당장의 학습도 필요하지만, 아이가 어떤 꿈을 꾸고 어떤 진로를 가질 것인지 고민하는 시간도 필요하기 때문이다.

3
주간 계획표 예시

장소	시간	월	화	수	목	금	토	일
집	7							
	8							
유치원/학교	9							
	10							
	11							
	12							
	1							
학원/집	3							
	4	수학 SM 3:30~5:20		미술 3:00~4:30		해피데이 학원 없는 날		
	5							
자기전 해피타임	10	책 읽기 (공통)	일기 쓰기	원서 읽기 (Baby)	그림 그리기	영어 일기 쓰기	종이접기	퍼즐 맞추기 (조립)

3월의 코칭
학부모 총회에 참석합니다

3월에 열리는 학부모 총회는 꼭 참석해야 할 행사입니다. 우리 아이를 맡아주는 선생님도 뵙고, 1년 동안 학교에서 열리는 행사에 대해서도 확인할 수 있는 자리입니다. 학급 단위로 운영되는 브런치 모임과 단체 메시지 창 가입 등도 학부모 총회를 통해 시작됩니다. 학교에서는 학부모가 꼭 알아야 할 정보를 책자로 만들어 배포하고, 학급에서는 학부모단체 가입 신청을 받고 학부모 상담 일정을 조정하기도 합니다. **학부모 총회는 담임선생님과 학급의 다른 학부모를 만나는 중요한 자리임을 기억하세요.**

학교에 가기 전 생각해야 할 것들이 있습니다. 학부모들과는 어떤 관계를 유지해야 하는지, 우리 아이에 관해 물어보면 뭐라고 대답해야 하는지 한 번쯤은 생각해봤으면 합니다. 실제로 많은 학부모들의 걱정은 관계입니다. 아이의 교우관계, 선생님과의 관계, 학부모 간의 관계 등에 어려움을 호소하는 경우가 많습니다. 학부모 총회는 이런 모든 관계의 시작이기 때문에 중요합니다. 관계를 잘 맺는 방법, 관계를 잘 유지하는 방법, 어떻게 관계를 만들어 나갈지 등을 미리 생각해보면 도움이 됩니다.

그럼 어떻게 준비를 하면 좋을까요? 우선 관계의 시작인 첫인상을 긍정적인 방향으로 전달해야 합니다. 학교에 갈 때는 가급적 단정한 옷차림을 권합니다. 심플하고 세련되게 옷을 입고 액세서리도 최소화하는 것이 차분한 인상을 줄 수 있습니다. 그 외 상대방의 말을 잘 듣고, 꼭 해야 하는 말을 간결하게 전하는 것도 좋은 첫인상을 전달하는 방법입니다.

학부모와의 관계는 기본적으로 '불가근 불가원'을 권합니다. 지나치게 가까운 사이도, 지나치게 먼 사이도 되지 않아야 한다는 이야기입니다. 학급 모임이 있으면 가급적 참석해서 정보를 듣고 학급 운영에 필요한 활동을 함께 하는 것이 좋습니다. 아이가 초등학교 저학년 때 만나게 된 학부모들과는 오랜 친구가 되기도 합니다. 친척이나 학교 동창보다 자주 만나는 사이가 되니까요. 결정할 사항은 함께 의논해서 진행하고, 부정적인 대화보다는 긍정적인 대화를 유도하면 오랜 기간 관계를 유지할 수 있습니다. 특히 사소한 험담에 주의하세요. 사소하더라도 타인의 험담을 하는 것은 관계를 망치는 원인이 될 수 있습니다.

선생님과 상담할 때는 가급적 말을 하기보다는 선생님의 이야기에 귀 기울이기 바랍니다. 선생님의 교육관을 들을 수 있는 시간이니까요. 혹시 자녀에 대해 알려야할 정보가 있다면 객관적으로 사실만을 전달하세요. 엄마의 주관적 감정을 넣게 되면 아이에 대해 편견을 가질 수 있고, 꼭 전달해야 하는 내용까지 전달되지 않을 수 있습니다.

이 달의 활동 포인트

하나.
학부모 총회에 참석하기

- 1년 중 가장 중요한 행사의 하나인 학부모 총회를 준비한다.
- 아이에 대해 어떤 이야기를 할지 미리 생각해둔다.
- 선생님, 학급 학부모들과 어떻게 관계를 시작할지 생각한다.
- 긍정적인 첫인상을 전달하기 위해 지나치게 화려하거나 간단한 옷차림은 피한다.
- 말을 하기 보다는 들어준다. 꼭 해야 하는 말은 되도록 간결하게 한다.

둘.
불가근 불가원 관계 설정하기

- 학부모들과는 너무 가깝지도, 너무 멀지도 않은 관계를 형성한다.
- 학급 주요 행사에는 되도록 참석한다.
- 타인에 대해 사소한 험담도 하지 않도록 신경 쓴다.
- 학급과 관련된 사안에 대한 의사결정은 반드시 학급 학부모들과 함께 논의한 후 진행한다.

셋.
선생님과 상담은 차분하게 진행하기

- 이야기를 하기보다는 되도록 선생님의 이야기를 듣는다.
- 아이에 대해서는 객관적인 사실, 꼭 알아야 하는 사실만 이야기한다.

3월 엄마의 체크리스트

엄마의 TO DO

- ☐ 1년 학사 일정 확인하기
- ☐ 방과 후 교실, 동아리 활동 등 확인하기
- ☐ 학부모 모임의 종류와 활동 내용 알아두기
- ☐ 같은 학급 학부모와 연락처 교환하기
- ☐ 학부모 모임 1-2개 가입하기

☐ _____
☐ _____
☐ _____
☐ _____
☐ _____
☐ _____
☐ _____
☐ _____
☐ _____
☐ _____
☐ _____
☐ _____

3월 March.

M	T	W

T	F	S	S

3월 학습 체크리스트

	M	T	W
a.m — 08			
09			
10			
11			
p.m — 12			
01			
02			
03			
04			
05			
06			
07			
08			
09			
10			

M	T	W
☐ 국어·영어·수학 교과서 읽고 예습, 복습 하기 (학교 수업에 따라 과목 선정)	☐ 국어·영어·수학 교과서 읽고 예습, 복습 하기 (학교 수업에 따라 과목 선정)	☐ 국어·영어·수학 교과서 읽고 예습, 복습 하기 (학교 수업에 따라 과목 선정)
☐ 학교 숙제 하기	☐ 학교 숙제 하기	☐ 학교 숙제 하기
☐ 학원 수업 복습 및 숙제 하기	☐ 학원 수업 복습 및 숙제 하기	☐ 학원 수업 복습 및 숙제 하기
☐ 30분간 아이와 함께 책 읽기	☐ 30분간 아이와 함께 책 읽기	☐ 30분간 아이와 함께 책 읽기
☐ 주제를 정해 30분간 해피타임 가지기	☐ 주제를 정해 30분간 해피타임 가지기	☐ 주제를 정해 30분간 해피타임 가지기

T	F	S	S

- ☐ 국어·영어·수학 교과서 읽고 예습, 복습 하기
  (학교 수업에 따라 과목 선정)
- ☐ 학교 숙제 하기
- ☐ 학원 수업 복습 및 숙제 하기
- ☐ 30분간 아이와 함께 책 읽기
- ☐ 주제를 정해 30분간 해피타임 가지기

- ☐ 국어·영어·수학 교과서 읽고 예습, 복습 하기
  (학교 수업에 따라 과목 선정)
- ☐ 학교 숙제 하기
- ☐ 학원 수업 복습 및 숙제 하기
- ☐ 30분간 아이와 함께 책 읽기
- ☐ 주제를 정해 30분간 해피타임 가지기

- ☐ 정보검색, 체험활동 하기
- ☐ 운동하기
- ☐ 온 가족이 모여 식사 하기

- ☐ 감정 표현 놀이를 하며 아이와 소통하기
- ☐ 정보검색, 체험활동 하기
- ☐ 일주일간의 공부 내용 정리하기
- ☐ 다음 주 계획 작성하기

3월 학습 체크리스트

	M	T	W
a.m — 08			
09			
10			
11			
p.m — 12			
01			
02			
03			
04			
05			
06			
07			
08			
09			
10			

M	T	W
☐ 국어·영어·수학 교과서 읽고 예습, 복습 하기 (학교 수업에 따라 과목 선정)	☐ 국어·영어·수학 교과서 읽고 예습, 복습 하기 (학교 수업에 따라 과목 선정)	☐ 국어·영어·수학 교과서 읽고 예습, 복습 하기 (학교 수업에 따라 과목 선정)
☐ 학교 숙제 하기	☐ 학교 숙제 하기	☐ 학교 숙제 하기
☐ 학원 수업 복습 및 숙제 하기	☐ 학원 수업 복습 및 숙제 하기	☐ 학원 수업 복습 및 숙제 하기
☐ 30분간 아이와 함께 책 읽기	☐ 30분간 아이와 함께 책 읽기	☐ 30분간 아이와 함께 책 읽기
☐ 주제를 정해 30분간 해피타임 가지기	☐ 주제를 정해 30분간 해피타임 가지기	☐ 주제를 정해 30분간 해피타임 가지기

T	F	S	S

- ☐ 국어·영어·수학 교과서 읽고 예습, 복습 하기
  (학교 수업에 따라 과목 선정)
- ☐ 학교 숙제 하기
- ☐ 학원 수업 복습 및 숙제 하기
- ☐ 30분간 아이와 함께 책 읽기
- ☐ 주제를 정해 30분간 해피타임 가지기

- ☐ 국어·영어·수학 교과서 읽고 예습, 복습 하기
  (학교 수업에 따라 과목 선정)
- ☐ 학교 숙제 하기
- ☐ 학원 수업 복습 및 숙제 하기
- ☐ 30분간 아이와 함께 책 읽기
- ☐ 주제를 정해 30분간 해피타임 가지기

- ☐ 정보검색, 체험활동 하기
- ☐ 운동하기
- ☐ 온 가족이 모여 식사 하기

- ☐ 감정 표현 놀이를 하며 아이와 소통하기
- ☐ 정보검색, 체험활동 하기
- ☐ 일주일간의 공부 내용 정리하기
- ☐ 다음 주 계획 작성하기

3월 학습 체크리스트

	M	T	W
a.m — 08			
09			
10			
11			
p.m — 12			
01			
02			
03			
04			
05			
06			
07			
08			
09			
10			

M
- ☐ 국어·영어·수학 교과서 읽고 예습, 복습 하기
  (학교 수업에 따라 과목 선정)
- ☐ 학교 숙제 하기
- ☐ 학원 수업 복습 및 숙제 하기
- ☐ 30분간 아이와 함께 책 읽기
- ☐ 주제를 정해 30분간 해피타임 가지기

T
- ☐ 국어·영어·수학 교과서 읽고 예습, 복습 하기
  (학교 수업에 따라 과목 선정)
- ☐ 학교 숙제 하기
- ☐ 학원 수업 복습 및 숙제 하기
- ☐ 30분간 아이와 함께 책 읽기
- ☐ 주제를 정해 30분간 해피타임 가지기

W
- ☐ 국어·영어·수학 교과서 읽고 예습, 복습 하기
  (학교 수업에 따라 과목 선정)
- ☐ 학교 숙제 하기
- ☐ 학원 수업 복습 및 숙제 하기
- ☐ 30분간 아이와 함께 책 읽기
- ☐ 주제를 정해 30분간 해피타임 가지기

T	F	S	S
☐ 국어·영어·수학 교과서 읽고 예습, 복습 하기 (학교 수업에 따라 과목 선정)	☐ 국어·영어·수학 교과서 읽고 예습, 복습 하기 (학교 수업에 따라 과목 선정)	☐ 정보검색, 체험활동 하기 ☐ 운동하기 ☐ 온 가족이 모여 식사 하기	☐ 감정 표현 놀이를 하며 아이와 소통하기
☐ 학교 숙제 하기	☐ 학교 숙제 하기		☐ 정보검색, 체험활동 하기
☐ 학원 수업 복습 및 숙제 하기	☐ 학원 수업 복습 및 숙제 하기		☐ 일주일간의 공부 내용 정리하기
☐ 30분간 아이와 함께 책 읽기	☐ 30분간 아이와 함께 책 읽기		☐ 다음 주 계획 작성하기
☐ 주제를 정해 30분간 해피타임 가지기	☐ 주제를 정해 30분간 해피타임 가지기		

3월 학습 체크리스트

	M	T	W
a.m 08			
09			
10			
11			
p.m 12			
01			
02			
03			
04			
05			
06			
07			
08			
09			
10			

M
- ☐ 국어·영어·수학 교과서 읽고 예습, 복습 하기
  (학교 수업에 따라 과목 선정)
- ☐ 학교 숙제 하기
- ☐ 학원 수업 복습 및 숙제 하기
- ☐ 30분간 아이와 함께 책 읽기
- ☐ 주제를 정해 30분간 해피타임 가지기

T
- ☐ 국어·영어·수학 교과서 읽고 예습, 복습 하기
  (학교 수업에 따라 과목 선정)
- ☐ 학교 숙제 하기
- ☐ 학원 수업 복습 및 숙제 하기
- ☐ 30분간 아이와 함께 책 읽기
- ☐ 주제를 정해 30분간 해피타임 가지기

W
- ☐ 국어·영어·수학 교과서 읽고 예습, 복습 하기
  (학교 수업에 따라 과목 선정)
- ☐ 학교 숙제 하기
- ☐ 학원 수업 복습 및 숙제 하기
- ☐ 30분간 아이와 함께 책 읽기
- ☐ 주제를 정해 30분간 해피타임 가지기

T	F	S	S

- ☐ 국어·영어·수학 교과서 읽고 예습, 복습 하기
  (학교 수업에 따라 과목 선정)

- ☐ 학교 숙제 하기
- ☐ 학원 수업 복습 및 숙제 하기
- ☐ 30분간 아이와 함께 책 읽기
- ☐ 주제를 정해 30분간 해피타임 가지기

- ☐ 국어·영어·수학 교과서 읽고 예습, 복습 하기
  (학교 수업에 따라 과목 선정)

- ☐ 학교 숙제 하기
- ☐ 학원 수업 복습 및 숙제 하기
- ☐ 30분간 아이와 함께 책 읽기
- ☐ 주제를 정해 30분간 해피타임 가지기

- ☐ 정보검색, 체험활동 하기
- ☐ 운동하기
- ☐ 온 가족이 모여 식사 하기

- ☐ 감정 표현 놀이를 하며 아이와 소통하기
- ☐ 정보검색, 체험활동 하기
- ☐ 일주일간의 공부 내용 정리하기
- ☐ 다음 주 계획 작성하기

4월의 코칭
과학의 달에 상도 받고 영재교육원도 알아봅시다

4월은 과학의 달입니다. 1967년 4월 21일 과학기술처의 발족 일을 기념하여 이 날을 '과학의 날'로 정했는데, 사실 과학의 날 유래는 일제강점기부터라고 합니다. 1934년 한국인 과학기술자와 민족주의 인사들은 발명 학회 전무 김용관의 제창으로 찰스 다윈이 죽은 4월 19일을 과학데이로 정했습니다. 그리고 과학기술의 대중화를 위한 강연회, 활동사진 상영회, 대중 거리행렬, 과학관·박물관·공장 견학 등의 행사를 열었습니다.

그 이후 매년 4월이 되면 초등학교에서는 과학과 관련된 다양한 행사를 진행합니다. 과학독후감 대회, 과학 상상화 대회, 과학상자 조립대회(과학공작), 모형항공기(글라이더, 고무동력기), 에어로켓 조립 및 발사대회 등의 행사가 있습니다. 그중에서도 저학년들은 주로 과학 상상화 대회에 참여합니다. 고학년의 경우 학교에 따라 다른 행사가 있으니 학교 행사표를 미리 확인해 두는 것이 좋습니다.

과학의 달 행사는 신학기가 시작된 후 처음있는 수상대회입니다. 저학년 학생들의 경우 긴장하지 않고 참여하기 위해 미리 과학 상상화를 그려보는 것도 도움이 됩니다. 포털 사이트에 '과학 상상화 그리기'라고 검색하면 수천 장의 이미지가 나오는데 아이가 그릴 수 있는 수준의 그림을 출력해서 그려보도록 하면 됩니다. 주의할 점은 흔한 소재인 '우주'는 수상권에서 멀 수 있다는 사실입니다.

초등학교 학부모들은 과학영재교육원에도 관심을 가질 필요가 있습니다. 서울교육대학교 과학영재교육원(http://gifted.snue.ac.kr/)은 초등 3-5학년을 대상으로 초등융합과정, 초등 6학년을 대상으로 중등융합과정을 선발합니다. 1차 서류전형에는 입학지원서, 개인정보수집동의서, 자기소개서를 제출하면 됩니다. 또한 1차 전형에서 영재성 및 창의성 검사도 진행하는데, 학생의 창의적 문제해결 능력을 평가하려는 목적입니다. 이렇게 입학 정원의 1.5배수 내외를 선발해 2차 면접 전형이 진행됩니다. 이때 추천서와 학교생활기록부를 제출합니다. 추천서는 지원하는 학생의 담임교사, 학생과 같은 학교 소속이면서 지원 분야와 관련된 교과담당 교사, 영재교육기관에서 지원자를 가르치는 교원이 써줄 수 있습니다. 학교생활기록부는 1학년부터 지원 직전 학년까지의 내용을 확인합니다. 이런 과정을 거쳐 초등 120명, 중등 20명을 최종 선발합니다. 영재교육에 대해 더 알고 싶다면 GED 영재교육종합데이터베이스(ged.kedi.re.kr)를 방문하기 바랍니다. GED(Gifted Education Database)는 대한민국의 영재교육종합데이터베이스로서, 국가 차원에서 '영재교육에 관련된 자료를 종합적으로 관리'하기 위해 만들어졌습니다.

영재는 '재능이 뛰어난 사람으로서 타고난 잠재력을 계발하기 위하여 특별한 교육을 필요로 하는 자'로 정의합니다. 일반 지능, 특수 학문 적성, 창의적 사고 능력, 예술적 재능, 신체적 재능, 그 밖의 특별한 재능 중 한 가지만 해당되어도 영재교육을 받을 수 있다고 명시되어 있으니 우리 아이들 모두 영재교육의 대상자가 될 수 있습니다. 과학, 수학, 발명, 정보과학, 통합, 외국어, 언어, 인문사회, 리더십, 창의성, 미술, 사고력, 음악, 체육 등 다양한 분야가 있으니 도전해보기 바랍니다.

이 달의 활동 포인트

하나.
과학의 달과 관련된 행사 확인하기

- 과학과 관련된 다양한 행사를 알아본다.
- 아이가 참여해야 하는 행사의 주제, 송류를 정확히 확인한다.
- 행사에 참여해 어떻게 활동할지 아이와 이야기 나눈다.
- 과학 전시회, 과학 박물관 견학 등 과학 관련 활동을 한다.
- 활동 보고서를 작성한다.

둘.
과학 책 읽고 독후감 쓰기

- 아이의 관심사를 주제로 한 과학 책을 찾는다.
- 아이와 함께 책을 읽고 내용에 대해 이야기를 나눈다.
- 이야기 나눈 내용을 바탕으로 아이가 독서감상문을 작성하도록 한다.

셋.
영재원과 관련된 정보 알아보기

- 영재원의 모집요강을 확인한다.
- GED 영재교육종합데이터베이스를 통해 정보를 알아본다.
- 영재원 입학과 관련된 서류를 준비한다.
- 아이가 좋아하는 분야, 잘 하는 분야에 대해 이야기를 나눈 후 영재원 입학에 도전해 본다.

4월 엄마의 체크리스트

초등 1-3학년

☐ 과학 상상화 대회 일정 확인하기

☐ 포털 사이트 검색을 통해 아이가 그릴 수 있는 수준의 과학 상상화 관련 이미지 출력하기

☐ 과학 분야에서 아이가 관심 있는 주제를 정해 관련 도서 1권 읽기

☐ 과학 상상화 그려보기

☐ 과학영재교육원 정보 알아두기

초등 4-6학년

☐ 아이가 참여하는 과학 관련 행사 확인하기

☐ 과학과 관련된 도서 읽고 독서감상문 써보기

☐ 과학과 관련된 주제의 다큐멘터리를 보고 아이와 이야기 나누기

☐ 영재교육원 정보 알아보기

☐ 영재교육원 서류 준비하기

4월 April.

M	T	W

T	F	S	S

4월 학습 체크리스트

	M	T	W
a.m — 08			
09			
10			
11			
p.m — 12			
01			
02			
03			
04			
05			
06			
07			
08			
09			
10			

M
- ☐ 국어·영어·수학 교과서 읽고 예습, 복습 하기
  (학교 수업에 따라 과목 선정)
- ☐ 학교 숙제 하기
- ☐ 학원 수업 복습 및 숙제 하기
- ☐ 30분간 아이와 함께 책 읽기
- ☐ 주제를 정해 30분간 해피타임 가지기

T
- ☐ 국어·영어·수학 교과서 읽고 예습, 복습 하기
  (학교 수업에 따라 과목 선정)
- ☐ 학교 숙제 하기
- ☐ 학원 수업 복습 및 숙제 하기
- ☐ 30분간 아이와 함께 책 읽기
- ☐ 주제를 정해 30분간 해피타임 가지기

W
- ☐ 국어·영어·수학 교과서 읽고 예습, 복습 하기
  (학교 수업에 따라 과목 선정)
- ☐ 학교 숙제 하기
- ☐ 학원 수업 복습 및 숙제 하기
- ☐ 30분간 아이와 함께 책 읽기
- ☐ 주제를 정해 30분간 해피타임 가지기

| T | F | S | S |

- ☐ 국어·영어·수학 교과서 읽고 예습, 복습 하기
  (학교 수업에 따라 과목 선정)
- ☐ 학교 숙제 하기
- ☐ 학원 수업 복습 및 숙제 하기
- ☐ 30분간 아이와 함께 책 읽기
- ☐ 주제를 정해 30분간 해피타임 가지기

- ☐ 국어·영어·수학 교과서 읽고 예습, 복습 하기
  (학교 수업에 따라 과목 선정)
- ☐ 학교 숙제 하기
- ☐ 학원 수업 복습 및 숙제 하기
- ☐ 30분간 아이와 함께 책 읽기
- ☐ 주제를 정해 30분간 해피타임 가지기

- ☐ 정보검색, 체험활동 하기
- ☐ 운동하기
- ☐ 온 가족이 모여 식사 하기

- ☐ 감정 표현 놀이를 하며 아이와 소통하기
- ☐ 정보검색, 체험활동 하기
- ☐ 일주일간의 공부 내용 정리하기
- ☐ 다음 주 계획 작성하기

4월 학습 체크리스트

	M	T	W
a.m — 08			
09			
10			
11			
p.m — 12			
01			
02			
03			
04			
05			
06			
07			
08			
09			
10			

M	T	W
☐ 국어·영어·수학 교과서 읽고 예습, 복습 하기 (학교 수업에 따라 과목 선정)	☐ 국어·영어·수학 교과서 읽고 예습, 복습 하기 (학교 수업에 따라 과목 선정)	☐ 국어·영어·수학 교과서 읽고 예습, 복습 하기 (학교 수업에 따라 과목 선정)
☐ 학교 숙제 하기	☐ 학교 숙제 하기	☐ 학교 숙제 하기
☐ 학원 수업 복습 및 숙제 하기	☐ 학원 수업 복습 및 숙제 하기	☐ 학원 수업 복습 및 숙제 하기
☐ 30분간 아이와 함께 책 읽기	☐ 30분간 아이와 함께 책 읽기	☐ 30분간 아이와 함께 책 읽기
☐ 주제를 정해 30분간 해피타임 가지기	☐ 주제를 정해 30분간 해피타임 가지기	☐ 주제를 정해 30분간 해피타임 가지기

	T	F	S	S

☐ 국어·영어·수학 교과서 읽고 예습, 복습 하기
(학교 수업에 따라 과목 선정)

☐ 학교 숙제 하기
☐ 학원 수업 복습 및 숙제 하기
☐ 30분간 아이와 함께 책 읽기
☐ 주제를 정해 30분간 해피타임 가지기

☐ 국어·영어·수학 교과서 읽고 예습, 복습 하기
(학교 수업에 따라 과목 선정)

☐ 학교 숙제 하기
☐ 학원 수업 복습 및 숙제 하기
☐ 30분간 아이와 함께 책 읽기
☐ 주제를 정해 30분간 해피타임 가지기

☐ 정보검색, 체험활동 하기
☐ 운동하기
☐ 온 가족이 모여 식사 하기

☐ 감정 표현 놀이를 하며 아이와 소통하기
☐ 정보검색, 체험활동 하기
☐ 일주일간의 공부 내용 정리하기
☐ 다음 주 계획 작성하기

4월 학습 체크리스트

	M	T	W
a.m — 08			
09			
10			
11			
p.m — 12			
01			
02			
03			
04			
05			
06			
07			
08			
09			
10			

M
- ☐ 국어·영어·수학 교과서 읽고 예습, 복습 하기
  (학교 수업에 따라 과목 선정)
- ☐ 학교 숙제 하기
- ☐ 학원 수업 복습 및 숙제 하기
- ☐ 30분간 아이와 함께 책 읽기
- ☐ 주제를 정해 30분간 해피타임 가지기

T
- ☐ 국어·영어·수학 교과서 읽고 예습, 복습 하기
  (학교 수업에 따라 과목 선정)
- ☐ 학교 숙제 하기
- ☐ 학원 수업 복습 및 숙제 하기
- ☐ 30분간 아이와 함께 책 읽기
- ☐ 주제를 정해 30분간 해피타임 가지기

W
- ☐ 국어·영어·수학 교과서 읽고 예습, 복습 하기
  (학교 수업에 따라 과목 선정)
- ☐ 학교 숙제 하기
- ☐ 학원 수업 복습 및 숙제 하기
- ☐ 30분간 아이와 함께 책 읽기
- ☐ 주제를 정해 30분간 해피타임 가지기

T	F	S	S

- ☐ 국어·영어·수학 교과서 읽고 예습, 복습 하기
  (학교 수업에 따라 과목 선정)
- ☐ 학교 숙제 하기
- ☐ 학원 수업 복습 및 숙제 하기
- ☐ 30분간 아이와 함께 책 읽기
- ☐ 주제를 정해 30분간 해피타임 가지기

- ☐ 국어·영어·수학 교과서 읽고 예습, 복습 하기
  (학교 수업에 따라 과목 선정)
- ☐ 학교 숙제 하기
- ☐ 학원 수업 복습 및 숙제 하기
- ☐ 30분간 아이와 함께 책 읽기
- ☐ 주제를 정해 30분간 해피타임 가지기

- ☐ 정보검색, 체험활동 하기
- ☐ 운동하기
- ☐ 온 가족이 모여 식사 하기

- ☐ 감정 표현 놀이를 하며 아이와 소통하기
- ☐ 정보검색, 체험활동 하기
- ☐ 일주일간의 공부 내용 정리하기
- ☐ 다음 주 계획 작성하기

4월 학습 체크리스트

	M	T	W
a.m 08			
09			
10			
11			
p.m 12			
01			
02			
03			
04			
05			
06			
07			
08			
09			
10			

M	T	W
☐ 국어·영어·수학 교과서 읽고 예습, 복습 하기 (학교 수업에 따라 과목 선정)	☐ 국어·영어·수학 교과서 읽고 예습, 복습 하기 (학교 수업에 따라 과목 선정)	☐ 국어·영어·수학 교과서 읽고 예습, 복습 하기 (학교 수업에 따라 과목 선정)
☐ 학교 숙제 하기	☐ 학교 숙제 하기	☐ 학교 숙제 하기
☐ 학원 수업 복습 및 숙제 하기	☐ 학원 수업 복습 및 숙제 하기	☐ 학원 수업 복습 및 숙제 하기
☐ 30분간 아이와 함께 책 읽기	☐ 30분간 아이와 함께 책 읽기	☐ 30분간 아이와 함께 책 읽기
☐ 주제를 정해 30분간 해피타임 가지기	☐ 주제를 정해 30분간 해피타임 가지기	☐ 주제를 정해 30분간 해피타임 가지기

T	F	S	S

- ☐ 국어·영어·수학 교과서 읽고 예습, 복습 하기
  (학교 수업에 따라 과목 선정)
- ☐ 학교 숙제 하기
- ☐ 학원 수업 복습 및 숙제 하기
- ☐ 30분간 아이와 함께 책 읽기
- ☐ 주제를 정해 30분간 해피타임 가지기

- ☐ 국어·영어·수학 교과서 읽고 예습, 복습 하기
  (학교 수업에 따라 과목 신징)
- ☐ 학교 숙제 하기
- ☐ 학원 수업 복습 및 숙제 하기
- ☐ 30분간 아이와 함께 책 읽기
- ☐ 주제를 정해 30분간 해피타임 가지기

- ☐ 정보검색, 체험활동 하기
- ☐ 운동하기
- ☐ 온 가족이 모여 식사 하기

- ☐ 감정 표현 놀이를 하며 아이와 소통하기
- ☐ 정보검색, 체험활동 하기
- ☐ 일주일간의 공부 내용 정리하기
- ☐ 다음 주 계획 작성하기

5월의 코칭
우리 아이는 2015 개정 교육과정에 맞는 인재인가요?

2015 개정 교육과정은 교육부가 고시한 7차 교육과정의 개정 교육과정으로, 2017학년도부터 단계적으로 적용 중입니다. 4차 산업혁명 시대에 맞는 인문학적 상상력과 과학기술 창조력을 갖춘 창의융합형 인재 육성을 목표로 자주적인 사람, 창의적인 사람, 교양 있는 사람, 더불어 사는 사람을 키우겠다는 목적으로 시행되었죠.

초등학교 교육과정의 주요 내용은 인문/사회/과학 기술에 대한 기초 소양을 함양하고 학습량 적정화를 통해 핵심 역량을 키우는 것입니다. 6개 핵심 역량은 자기관리, 지식 정보 처리, 창의적 사고, 심미적 감성, 의사소통, 공동체인데 이를 키우기 위해 독서교육, 한자교육, 연극교육을 활성화하고 소프트웨어 교육, 안전교육을 강화한다고 합니다.

2015 개정 교육과정이 본격화되면 교실 분위기가 많이 바뀔 것입니다. 국어는 '통합적 독서 활동'이 강화되는데 한 학기에 한 권의 책을 읽고 생각을 나누는 활동 과정이 신설됩니다. 다독보다는 깊이 있는 독서가 중요해집니다. 수학은 수포자(수학포기자)를 줄이기 위해서 꼭 배워야 하는 필수 내용을 선별해 핵심 개념 원리를 중심으로 수업합니다. '문제 해결 · 추론 · 창의융합 · 의사소통 · 정보처리 · 태도 및 실천' 등 6가지 수학 교과 역량을 강화시킵니다. 사회는 지리, 역사, 일반사회로 나누어져 있는 영역을 유지하되 '주제 중심'의 통합 대단원으로 재구성합니다. 평소 신문이나 뉴스를 통해 사회현상에 대한 이해력을 기르면 도움이 됩니다. 과학은 '모든 이를 위한 과학(Science for All)'을 모토로 과학적 소양과 탐구 방법을 깨닫고 진로와 적성에 맞춰 교육이 이뤄지도록 변화됩니다. 과학중점고, 과학계열 특수 목적고, 과학영재학교 등 다양하게 이수 경로를 구분 지어 실제 사례나 삶과 밀접한 내용을 위주로 한 교육도 시행한다고 합니다.

이렇게 변화된 교육과정에서 인정받는 인재는 수업에 적극적으로 참여하고, 친구들과 공동 연구를 통해 탐구보고서를 작성하고 이를 효과적으로 전달하는 소통 능력이 뛰어난 학생입니다. 따라서 단순한 암기식 수업에서 벗어나 폭넓은 독서와 체험활동을 기반으로 통합적 사고 능력과 표현 능력을 길러야 합니다. 또한 본인이 활동하고 연구한 자료를 보고서 형식으로 만들어 보관, 제출해야 합니다. 성적순으로 줄 세워 대학 합격, 불합격을 나누는 게 아니라 학생의 전체 역량을 종합적으로 평가하기 때문입니다.

5월은 어린이날을 중심으로 일주일간의 단기방학(학교 자율휴업일)이 있습니다. 창의융합형 인재를 만들 수 있는 좋은 기회라 생각됩니다. 동네 도서관에 가서 다양한 책도 읽고 지역사회에서 주관하는 행사에도 참가하고 가까운 미술관이나 박물관을 찾아보는 것도 좋습니다. 단 활동을 한 후에는 반드시 기록을 남겨야 합니다. 사진은 무분별하게 찍지 말고 20컷 정도만 찍으세요. 활동 보고서의 작성 순서는 1. 동기 2. 배운 점 3. 느낀 점 4. 활동 후 변화된 점인데 각 3~5줄 정도로 정리하면 충분합니다. 이런 활동 보고서가 쌓이면 차후 아이의 진학과 진로에 큰 도움이 될 것입니다. 앞으로의 입시는 성적순이 아니라 서류 평가와 면접으로 진행된다는 것을 꼭 기억하기 바랍니다.

이 달의 활동 포인트

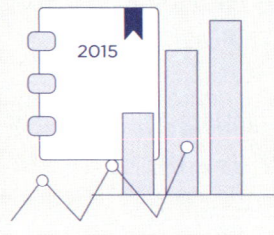 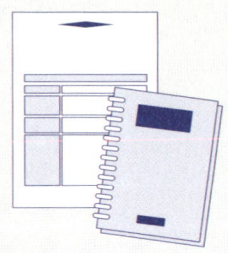

하나.
2015 개정 교육과정에 대해 알아보기

- 교육 과정이 어떻게 변화하는지 확인한다.

- 아이의 핵심 역량을 어떻게 키워나갈지 정리한다.

- 각 역량을 키워 줄 수 있는 구체적인 방법을 한 가지씩 정한다.

- 박물관, 전시회, 미술관 등 아이 관심사에 따라 함께 방문할 체험 장소를 찾고 아이와 함께 정보를 검색한다.

둘.
활동 보고서 작성하기

- 활동 보고서 양식을 프린트한다.

- 활동 보고서를 어떻게 작성하는 것인지 아이와 이야기한다.

- 아이가 작성한 활동 보고서를 정리한다.

- 아이와 함께 찍은 사진으로 스크랩북을 만든다.

5월 엄마의 체크리스트

초등 1-6학년

☐ 아이와 함께 방문할 장소 목록 만들기

☐ 직접 방문하면 어떤 것들을 보고 싶고,
　어떤 점이 기대되는지 아이와 이야기 나누기

☐ 활동 보고서 작성하기

☐ 사진을 직접 찍어보고, 사진으로 스크랩북 만들기

5월 May.

M	T	W

T	F	S	S

5월 학습 체크리스트

	M	T	W
a.m — 08			
09			
10			
11			
p.m — 12			
01			
02			
03			
04			
05			
06			
07			
08			
09			
10			

M	T	W
☐ 국어·영어·수학 교과서 읽고 예습, 복습 하기 (학교 수업에 따라 과목 선정)	☐ 국어·영어·수학 교과서 읽고 예습, 복습 하기 (학교 수업에 따라 과목 선정)	☐ 국어·영어·수학 교과서 읽고 예습, 복습 하기 (학교 수업에 따라 과목 선정)
☐ 학교 숙제 하기	☐ 학교 숙제 하기	☐ 학교 숙제 하기
☐ 학원 수업 복습 및 숙제 하기	☐ 학원 수업 복습 및 숙제 하기	☐ 학원 수업 복습 및 숙제 하기
☐ 30분간 아이와 함께 책 읽기	☐ 30분간 아이와 함께 책 읽기	☐ 30분간 아이와 함께 책 읽기
☐ 주제를 정해 30분간 해피타임 가지기	☐ 주제를 정해 30분간 해피타임 가지기	☐ 주제를 정해 30분간 해피타임 가지기

T	F	S	S

- ☐ 국어·영어·수학 교과서 읽고 예습, 복습 하기
  (학교 수업에 따라 과목 선정)
- ☐ 학교 숙제 하기
- ☐ 학원 수업 복습 및 숙제 하기
- ☐ 30분간 아이와 함께 책 읽기
- ☐ 주제를 정해 30분간 해피타임 가지기

- ☐ 국어·영어·수학 교과서 읽고 예습, 복습 하기
  (학교 수업에 따라 과목 선정)
- ☐ 학교 숙제 하기
- ☐ 학원 수업 복습 및 숙제 하기
- ☐ 30분간 아이와 함께 책 읽기
- ☐ 주제를 정해 30분간 해피타임 가지기

- ☐ 정보검색, 체험활동 하기
- ☐ 운동하기
- ☐ 온 가족이 모여 식사 하기

- ☐ 감정 표현 놀이를 하며 아이와 소통하기
- ☐ 정보검색, 체험활동 하기
- ☐ 일주일간의 공부 내용 정리하기
- ☐ 다음 주 계획 작성하기

5월 학습 체크리스트

	M	T	W
a.m 08			
09			
10			
11			
p.m 12			
01			
02			
03			
04			
05			
06			
07			
08			
09			
10			

M	T	W
☐ 국어·영어·수학 교과서 읽고 예습, 복습 하기 (학교 수업에 따라 과목 선정)	☐ 국어·영어·수학 교과서 읽고 예습, 복습 하기 (학교 수업에 따라 과목 선정)	☐ 국어·영어·수학 교과서 읽고 예습, 복습 하기 (학교 수업에 따라 과목 선정)
☐ 학교 숙제 하기	☐ 학교 숙제 하기	☐ 학교 숙제 하기
☐ 학원 수업 복습 및 숙제 하기	☐ 학원 수업 복습 및 숙제 하기	☐ 학원 수업 복습 및 숙제 하기
☐ 30분간 아이와 함께 책 읽기	☐ 30분간 아이와 함께 책 읽기	☐ 30분간 아이와 함께 책 읽기
☐ 주제를 정해 30분간 해피타임 가지기	☐ 주제를 정해 30분간 해피타임 가지기	☐ 주제를 정해 30분간 해피타임 가지기

T	F	S	S

- ☐ 국어·영어·수학 교과서 읽고 예습, 복습 하기
  (학교 수업에 따라 과목 선정)
- ☐ 학교 숙제 하기
- ☐ 학원 수업 복습 및 숙제 하기
- ☐ 30분간 아이와 함께 책 읽기
- ☐ 주제를 정해 30분간 해피타임 가지기

- ☐ 국어·영어·수학 교과서 읽고 예습, 복습 하기
  (학교 수업에 따라 과목 선정)
- ☐ 학교 숙제 하기
- ☐ 학원 수업 복습 및 숙제 하기
- ☐ 30분간 아이와 함께 책 읽기
- ☐ 주제를 정해 30분간 해피타임 가지기

- ☐ 정보검색, 체험활동 하기
- ☐ 운동하기
- ☐ 온 가족이 모여 식사 하기

- ☐ 감정 표현 놀이를 하며 아이와 소통하기
- ☐ 정보검색, 체험활동 하기
- ☐ 일주일간의 공부 내용 정리하기
- ☐ 다음 주 계획 작성하기

5월 학습 체크리스트

	M	T	W
a.m 08			
09			
10			
11			
p.m 12			
01			
02			
03			
04			
05			
06			
07			
08			
09			
10			

☐ 국어·영어·수학 교과서 읽고 예습, 복습 하기 (학교 수업에 따라 과목 선정)	☐ 국어·영어·수학 교과서 읽고 예습, 복습 하기 (학교 수업에 따라 과목 선정)	☐ 국어·영어·수학 교과서 읽고 예습, 복습 하기 (학교 수업에 따라 과목 선정)
☐ 학교 숙제 하기	☐ 학교 숙제 하기	☐ 학교 숙제 하기
☐ 학원 수업 복습 및 숙제 하기	☐ 학원 수업 복습 및 숙제 하기	☐ 학원 수업 복습 및 숙제 하기
☐ 30분간 아이와 함께 책 읽기	☐ 30분간 아이와 함께 책 읽기	☐ 30분간 아이와 함께 책 읽기
☐ 주제를 정해 30분간 해피타임 가지기	☐ 주제를 정해 30분간 해피타임 가지기	☐ 주제를 정해 30분간 해피타임 가지기

T	F	S	S

- ☐ 국어·영어·수학 교과서 읽고 예습, 복습 하기
  (학교 수업에 따라 과목 선정)
- ☐ 학교 숙제 하기
- ☐ 학원 수업 복습 및 숙제 하기
- ☐ 30분간 아이와 함께 책 읽기
- ☐ 주제를 정해 30분간 해피타임 가지기

- ☐ 국어·영어·수학 교과서 읽고 예습, 복습 하기
  (학교 수업에 따라 과목 선정)
- ☐ 학교 숙제 하기
- ☐ 학원 수업 복습 및 숙제 하기
- ☐ 30분간 아이와 함께 책 읽기
- ☐ 주제를 정해 30분간 해피타임 가지기

- ☐ 정보검색, 체험활동 하기
- ☐ 운동하기
- ☐ 온 가족이 모여 식사 하기

- ☐ 감정 표현 놀이를 하며 아이와 소통하기
- ☐ 정보검색, 체험활동 하기
- ☐ 일주일간의 공부 내용 정리하기
- ☐ 다음 주 계획 작성하기

5월 학습 체크리스트

	M	T	W
a.m — 08			
09			
10			
11			
p.m — 12			
01			
02			
03			
04			
05			
06			
07			
08			
09			
10			

M	T	W
☐ 국어·영어·수학 교과서 읽고 예습, 복습 하기 (학교 수업에 따라 과목 선정)	☐ 국어·영어·수학 교과서 읽고 예습, 복습 하기 (학교 수업에 따라 과목 선정)	☐ 국어·영어·수학 교과서 읽고 예습, 복습 하기 (학교 수업에 따라 과목 선정)
☐ 학교 숙제 하기	☐ 학교 숙제 하기	☐ 학교 숙제 하기
☐ 학원 수업 복습 및 숙제 하기	☐ 학원 수업 복습 및 숙제 하기	☐ 학원 수업 복습 및 숙제 하기
☐ 30분간 아이와 함께 책 읽기	☐ 30분간 아이와 함께 책 읽기	☐ 30분간 아이와 함께 책 읽기
☐ 주제를 정해 30분간 해피타임 가지기	☐ 주제를 정해 30분간 해피타임 가지기	☐ 주제를 정해 30분간 해피타임 가지기

T	F	S	S

- ☐ 국어·영어·수학 교과서 읽고 예습, 복습 하기
  (학교 수업에 따라 과목 선정)
- ☐ 학교 숙제 하기
- ☐ 학원 수업 복습 및 숙제 하기
- ☐ 30분간 아이와 함께 책 읽기
- ☐ 주제를 정해 30분간 해피타임 가지기

- ☐ 국어·영어·수학 교과서 읽고 예습, 복습 하기
  (학교 수업에 따라 과목 선정)
- ☐ 학교 숙제 하기
- ☐ 학원 수업 복습 및 숙제 하기
- ☐ 30분간 아이와 함께 책 읽기
- ☐ 주제를 정해 30분간 해피타임 가지기

- ☐ 정보검색, 체험활동 하기
- ☐ 운동하기
- ☐ 온 가족이 모여 식사 하기

- ☐ 감정 표현 놀이를 하며 아이와 소통하기
- ☐ 정보검색, 체험활동 하기
- ☐ 일주일간의 공부 내용 정리하기
- ☐ 다음 주 계획 작성하기

6월의 코칭
학교에 어떤 상이 있는지 알아볼까요?

초등학교는 대부분 월별로 행사를 진행합니다. 거의 대부분의 학생들은 행사에 참여하고 몇 명은 수상자에 호명되는 것이지요. 그림 그리기, 경필 쓰기, 동요 부르기, 영어 말하기 대회, 플래너 작성하기, 논설문 쓰기, 다독상, 책 사랑상, 마라톤 대회, 육상 대회, 줄넘기 인증, 모범어린이상, 친구사랑 및 인권교육 행사 시상 등 지덕체를 겸비한 학생들에게 다양한 종류의 상으로 수상의 기쁨을 안겨줍니다. 사립 초등학교에는 공립 초등학교보다 다양한 교내 대회가 있습니다. 독서토론대회, 독서경진대회, 이야기대회, 글쓰기 대회, 한자 경진대회, 영어 쓰기 대회, 영어 말하기 대회, 영어인증시험, 수학경진대회, 컴퓨터 경진대회, 과학종합대회, 탐구발표대회, 체육대회, 미술잔치, 학예발표회, 음악 경연 대회, 오케스트라 음악 캠프 및 연주회 등 인문 / 과학 / 예체능을 섭렵한 각종 대회가 존재합니다.

교내상을 수상하면 생활통지표 '수상 경력'에 기록됩니다. 초등학교 때 받는 생활통지표는 약식 학교생활기록부로 1. 기본 학적사항 2. 교과 평가 3. 출결 상황 4. 수상 경력 5. 창의적 체험활동 상황 6. 봉사활동상황 7. 행동 특성 및 종합의견으로 구성됩니다. 이중에서 '수상 경력'은 입시에서 중요한 요소로 작용하기도 합니다. 서울대에서는 교내상에 관한 평가를 엄격히 하기 위해 고등 학교에서 보내는 학교 소개 내용 중 교내 주요 시상 내역을 요구합니다. 시상명 / 시상기준 및 선정방식 / 시상인원, 시상(참가) 대상 / 시상 횟수 / 본 수상을 위해 학생에게 요구되는 준비과정과 노력 / 시상이 지닌 의미 등을 상세히 기재하도록 합니다.

상을 받는다는 것은 적극적으로 참여해 좋은 결과를 만들었다는 의미입니다. 그렇기에 초등학교 때부터 상을 받아보는 것도 큰 경험이 될 것입니다. 더불어 다양한 분야의 행사를 경험하게 되면 창의융합형 인재로 성장하는 기본기도 기를 수 있습니다.

이 달의 활동 포인트

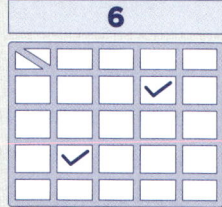  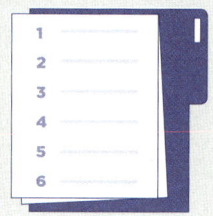

하나.
월별 행사 확인하기

- 매월 어떤 행사가 있는지 확인한다.

- 아이에게 맞춰서 1년 행사표를 작성한다.

- 시상이 있는 행사는 별도로 체크한다.

둘.
시상이 있는 행사 준비하기

- 아이가 흥미 있어 하는 활동이 무엇인지 알아본다.

- 아이가 흥미 있어 하는 활동 중 시상이 있는 행사를 확인한다.

- 수상을 할 수 있게 미리 연습하거나 역량을 키울 수 있는 활동을 준비한다.

- 비슷한 주제 또는 형식으로 진행되는 교외 행사 정보를 검색한다.

- 아이가 참여할 수 있는 방법을 확인한다.

- 교외 행사에 참여하기 위한 준비를 한다.

셋.
생활기록부 관리하기

- 생활기록부 작성 포인트를 확인한다.

- 각 활동 별로 아이가 할 수 있는 활동 리스트를 작성한다.

- 아이에게 가장 먼저 하고 싶은 활동을 정하게 한 후 주기적으로 함께 한다.

6월 엄마의 체크리스트

초등 1-6학년

☐ 학교의 행사를 확인해 아이를 위한 1년 행사표 만들기

☐ 시상이 있는 행사 별도 체크하기

☐ 시상이 있는 행사 중 아이가 흥미 있어 하는 주제의 행사 정하기

☐ 아이와 함께 이야기를 나누며 행사 참여 준비하기

☐ 시상이 있는 교외 행사 찾아보기

☐ 주기적으로 하는 활동 한가지를 정해 시작하기

☐
☐
☐
☐
☐
☐
☐
☐
☐
☐
☐

6월 June.

M	T	W

T	F	S	S

6월 학습 체크리스트

	M	T	W
a.m 08			
09			
10			
11			
p.m 12			
01			
02			
03			
04			
05			
06			
07			
08			
09			
10			

M	T	W
☐ 국어·영어·수학 교과서 읽고 예습, 복습 하기 (학교 수업에 따라 과목 선정)	☐ 국어·영어·수학 교과서 읽고 예습, 복습 하기 (학교 수업에 따라 과목 선정)	☐ 국어·영어·수학 교과서 읽고 예습, 복습 하기 (학교 수업에 따라 과목 선정)
☐ 학교 숙제 하기	☐ 학교 숙제 하기	☐ 학교 숙제 하기
☐ 학원 수업 복습 및 숙제 하기	☐ 학원 수업 복습 및 숙제 하기	☐ 학원 수업 복습 및 숙제 하기
☐ 30분간 아이와 함께 책 읽기	☐ 30분간 아이와 함께 책 읽기	☐ 30분간 아이와 함께 책 읽기
☐ 주제를 정해 30분간 해피타임 가지기	☐ 주제를 정해 30분간 해피타임 가지기	☐ 주제를 정해 30분간 해피타임 가지기

T	F	S	S

- ☐ 국어·영어·수학 교과서 읽고 예습, 복습 하기
  (학교 수업에 따라 과목 선정)
- ☐ 학교 숙제 하기
- ☐ 학원 수업 복습 및 숙제 하기
- ☐ 30분간 아이와 함께 책 읽기
- ☐ 주제를 정해 30분간 해피타임 가지기

- ☐ 국어·영어·수학 교과서 읽고 예습, 복습 하기
  (학교 수업에 따라 과목 선정)
- ☐ 학교 숙제 하기
- ☐ 학원 수업 복습 및 숙제 하기
- ☐ 30분간 아이와 함께 책 읽기
- ☐ 주제를 정해 30분간 해피타임 가지기

- ☐ 정보검색, 체험활동 하기
- ☐ 운동하기
- ☐ 온 가족이 모여 식사 하기

- ☐ 감정 표현 놀이를 하며 아이와 소통하기
- ☐ 정보검색, 체험활동 하기
- ☐ 일주일간의 공부 내용 정리하기
- ☐ 다음 주 계획 작성하기

6월 학습 체크리스트

	M	T	W
a.m 08			
09			
10			
11			
p.m 12			
01			
02			
03			
04			
05			
06			
07			
08			
09			
10			

M	T	W
☐ 국어·영어·수학 교과서 읽고 예습, 복습 하기 (학교 수업에 따라 과목 선정)	☐ 국어·영어·수학 교과서 읽고 예습, 복습 하기 (학교 수업에 따라 과목 선정)	☐ 국어·영어·수학 교과서 읽고 예습, 복습 하기 (학교 수업에 따라 과목 선정)
☐ 학교 숙제 하기	☐ 학교 숙제 하기	☐ 학교 숙제 하기
☐ 학원 수업 복습 및 숙제 하기	☐ 학원 수업 복습 및 숙제 하기	☐ 학원 수업 복습 및 숙제 하기
☐ 30분간 아이와 함께 책 읽기	☐ 30분간 아이와 함께 책 읽기	☐ 30분간 아이와 함께 책 읽기
☐ 주제를 정해 30분간 해피타임 가지기	☐ 주제를 정해 30분간 해피타임 가지기	☐ 주제를 정해 30분간 해피타임 가지기

	T	F	S	S

T	F	S	S
☐ 국어·영어·수학 교과서 읽고 예습, 복습 하기 (학교 수업에 따라 과목 선정)	☐ 국어·영어·수학 교과서 읽고 예습, 복습 하기 (학교 수업에 따라 과목 선정)	☐ 정보검색, 체험활동 하기 ☐ 운동하기 ☐ 온 가족이 모여 식사 하기	☐ 감정 표현 놀이를 하며 아이와 소통하기 ☐ 정보검색, 체험활동 하기 ☐ 일주일간의 공부 내용 정리하기 ☐ 다음 주 계획 작성하기
☐ 학교 숙제 하기 ☐ 학원 수업 복습 및 숙제 하기 ☐ 30분간 아이와 함께 책 읽기 ☐ 주제를 정해 30분간 해피타임 가지기	☐ 학교 숙제 하기 ☐ 학원 수업 복습 및 숙제 하기 ☐ 30분간 아이와 함께 책 읽기 ☐ 주제를 정해 30분간 해피타임 가지기		

6월 학습 체크리스트

T	F	S	S

- ☐ 국어·영어·수학 교과서 읽고 예습, 복습 하기
  (학교 수업에 따라 과목 선정)
- ☐ 학교 숙제 하기
- ☐ 학원 수업 복습 및 숙제 하기
- ☐ 30분간 아이와 함께 책 읽기
- ☐ 주제를 정해 30분간 해피타임 가지기

- ☐ 국어·영어·수학 교과서 읽고 예습, 복습 하기
  (학교 수업에 따라 과목 선정)
- ☐ 학교 숙제 하기
- ☐ 학원 수업 복습 및 숙제 하기
- ☐ 30분간 아이와 함께 책 읽기
- ☐ 주제를 정해 30분간 해피타임 가지기

- ☐ 정보검색, 체험활동 하기
- ☐ 운동하기
- ☐ 온 가족이 모여 식사 하기

- ☐ 감정 표현 놀이를 하며 아이와 소통하기
- ☐ 정보검색, 체험활동 하기
- ☐ 일주일간의 공부 내용 정리하기
- ☐ 다음 주 계획 작성하기

6월 학습 체크리스트

	M	T	W
a.m 08			
09			
10			
11			
p.m 12			
01			
02			
03			
04			
05			
06			
07			
08			
09			
10			

- ☐ 국어·영어·수학 교과서 읽고 예습, 복습 하기
  (학교 수업에 따라 과목 선정)
- ☐ 학교 숙제 하기
- ☐ 학원 수업 복습 및 숙제 하기
- ☐ 30분간 아이와 함께 책 읽기
- ☐ 주제를 정해 30분간 해피타임 가지기

- ☐ 국어·영어·수학 교과서 읽고 예습, 복습 하기
  (학교 수업에 따라 과목 선정)
- ☐ 학교 숙제 하기
- ☐ 학원 수업 복습 및 숙제 하기
- ☐ 30분간 아이와 함께 책 읽기
- ☐ 주제를 정해 30분간 해피타임 가지기

- ☐ 국어·영어·수학 교과서 읽고 예습, 복습 하기
  (학교 수업에 따라 과목 선정)
- ☐ 학교 숙제 하기
- ☐ 학원 수업 복습 및 숙제 하기
- ☐ 30분간 아이와 함께 책 읽기
- ☐ 주제를 정해 30분간 해피타임 가지기

T	F	S	S

- ☐ 국어·영어·수학 교과서 읽고 예습, 복습 하기
  (학교 수업에 따라 과목 선정)
- ☐ 학교 숙제 하기
- ☐ 학원 수업 복습 및 숙제 하기
- ☐ 30분간 아이와 함께 책 읽기
- ☐ 주제를 정해 30분간 해피타임 가지기

- ☐ 국어·영어·수학 교과서 읽고 예습, 복습 하기
  (학교 수업에 따라 과목 선정)
- ☐ 학교 숙제 하기
- ☐ 학원 수업 복습 및 숙제 하기
- ☐ 30분간 아이와 함께 책 읽기
- ☐ 주제를 정해 30분간 해피타임 가지기

- ☐ 정보검색, 체험활동 하기
- ☐ 운동하기
- ☐ 온 가족이 모여 식사 하기

- ☐ 감정 표현 놀이를 하며 아이와 소통하기
- ☐ 정보검색, 체험활동 하기
- ☐ 일주일간의 공부 내용 정리하기
- ☐ 다음 주 계획 작성하기

7월의 코칭
여름 방학을 준비해 볼까요?

학교에 따라 다르지만 대부분의 학교는 7월 말부터 4주 정도 여름방학을 시작합니다. 방학은 글자 그대로 학문에서 해방된다는 말이지만 대한민국 교육 현실을 고려하면 학생들이 4주 동안 온전히 놀기는 어렵습니다. 방학이 시작되기 전부터 학원에서 방학 특강을 알리는 문자가 쇄도하기 때문에 엄마들의 마음은 갈등 중이죠. '수학 진도를 빼볼까?' '영어캠프는 비쌀까?' '해외를 다녀올까?' '요즘 한 달 살기가 유행인데 제주도에 숙소를 알아볼까?' 등 머리로는 생각이 가득하고 마음은 한바탕 전쟁 중입니다.

사실 4주는 그리 긴 시간이 아닙니다. 어영부영하다 보면 개학이죠. 그래서 미리 방학 계획을 세워 실천했으면 하는 마음입니다. 아이와 함께 여름방학에 하고 싶은 일을 쭉 써보세요. 많은 일을 할 수는 없지만 하고 싶었던 일을 하면 아이의 만족도는 올라갈 것입니다.

아이의 교육과정에서 '긴장과 이완'을 기억해야 합니다. 고무줄을 계속 당기면 끊어지겠죠. 아이도 마찬가지입니다. 학기 동안 열심히 생활했다면 방학 동안은 충분히 쉬어야 합니다. 그래야 다음 학기에 매진할 수 있으니까요. 그런 면에서 방학에는 '여행'을 강력 추천합니다. 유아부터 초등 저학년은 3박 4일 동안 물놀이할 수 있는 장소면 좋습니다. 초등 4학년 이상은 여행지로 일본이나 미국 등을 추천합니다. 꼭 해외여행을 고집할 필요는 없습니다. 외가나 친가에 가서 할아버지와 할머니의 사랑을 듬뿍 받고 와도 좋고 아빠와 함께 캠핑을 가도 행복할 것입니다. 아이와 지도를 펼치고 가고 싶은 곳을 함께 정하면 만족도가 높아지겠지요.

여행을 다녀왔으면 '병원'에 갈 차례입니다. 자녀의 몸 상태를 검진할 필요가 있습니다. 아이들은 스마트폰을 들고 있기에 시력도 나쁘고 청력도 나쁩니다. 고개를 숙이고 들여다보기를 계속 하니 목이나 척추도 정상이 아닙니다. 신경이 예민하거나 밥을 잘 못 먹는 아이들은 계속 배가 아프거나, 머리가 아프다고 힘들어합니다. 질병이면 고쳐야 하고 특별한 원인이 없으면 '선생님이 보기에 괜찮은데'라는 의사의 한 마디에 마음이 편해질 것입니다. 방학 때 몸 상태를 점검하면 다음 학기에 건강하게 생활할 수 있습니다. 귀찮더라도 꼭 아이와 병원에 다녀오기 바랍니다.

방학이라고 공부를 하나도 안 할 수는 없겠지요. 엄마들은 선행 학습을 해야한다고 걱정하지만 복습이나 예습이 더 중요합니다. 생활통지표 상 매우 잘함이 아닌 영역은 교과서 단원을 찾아보고 반드시 알고 넘어가야 합니다. 또한 2학기에 배울 교과서를 소리 내어 읽어보고 모르는 단어, 용어, 지명 등을 익혀두어야 교실에서 자신 있게 수업에 임할 수 있습니다.

이 달의 활동 포인트

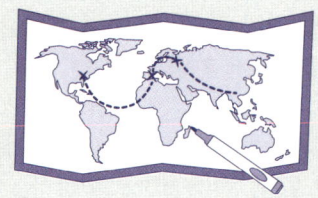  

하나.
방학 중 여행 떠나기

- 지도를 보며 아이와 함께 여행지를 정한다.
- 여행지와 관련된 정보를 찾으며 아이와 여행에 대한 대화를 나눈다.
- 여행을 다녀온 후 여행 스크랩북을 만든다.

둘.
아이 건강검진하기

- 아이가 특별히 불편한 곳이 없어도 건강검진을 한다.
- 치과, 정형외과 진료를 통해 척추측만증 예방, 바른 자세 가지기, 치아 관리를 한다.
- 시력, 청력을 보호할 수 있는 생활 습관을 갖도록 돕는다.

셋.
다양한 분야의 활동을 경험하기

- 아이가 좋아하는 예술활동을 찾아 함께한다.
- 주기적으로 꾸준하게 독서활동을 진행한다.
- 몸을 움직여서 할 수 있는 체험활동을 경험한다.

7월 엄마의 체크리스트

초등 1-6학년

- ☐ 3박 4일간 여행 떠나기
- ☐ 안과, 이비인후과, 내과, 비뇨기과, 산부인과 등을 찾아 아이 건강검진하기
- ☐ 물건들이 제자리를 찾도록 아이 방 정리하기
- ☐ 진로 / 교과서 내용과 관련된 장소를 직접 방문해 체험하기
- ☐ 음악회, 미술관, 전시관 관람 후 활동 보고서 작성하기
- ☐ 독서 리스트를 만들고 독서 감상문 작성하기
- ☐ 일요일 오전에는 자고 싶을 때까지 늦잠자기
- ☐ 평소 시간이 없어서 하지 못했던 일하기(자유시간)
- ☐ 무엇을 잘 하는지, 무엇을 좋아하는지, 무엇이 하고 싶은지 적어 보기
- ☐ 과목별, 단원별로 한 학기 학습 내용 복습하기
- ☐ 다음 학기 교과서를 미리 읽어보고 모르는 단어, 용어, 지명 등을 알아보기

7월 July.

M	T	W

T	F	S	S

7월 학습 체크리스트

	M	T	W
a.m — 08			
09			
10			
11			
p.m — 12			
01			
02			
03			
04			
05			
06			
07			
08			
09			
10			

M	T	W
☐ 국어·영어·수학 교과서 읽고 예습, 복습 하기 (학교 수업에 따라 과목 선정)	☐ 국어·영어·수학 교과서 읽고 예습, 복습 하기 (학교 수업에 따라 과목 선정)	☐ 국어·영어·수학 교과서 읽고 예습, 복습 하기 (학교 수업에 따라 과목 선정)
☐ 학교 숙제 하기	☐ 학교 숙제 하기	☐ 학교 숙제 하기
☐ 학원 수업 복습 및 숙제 하기	☐ 학원 수업 복습 및 숙제 하기	☐ 학원 수업 복습 및 숙제 하기
☐ 30분간 아이와 함께 책 읽기	☐ 30분간 아이와 함께 책 읽기	☐ 30분간 아이와 함께 책 읽기
☐ 주제를 정해 30분간 해피타임 가지기	☐ 주제를 정해 30분간 해피타임 가지기	☐ 주제를 정해 30분간 해피타임 가지기

T	F	S	S

- ☐ 국어·영어·수학 교과서 읽고 예습, 복습 하기
  (학교 수업에 따라 과목 선정)
- ☐ 학교 숙제 하기
- ☐ 학원 수업 복습 및 숙제 하기
- ☐ 30분간 아이와 함께 책 읽기
- ☐ 주제를 정해 30분간 해피타임 가지기

- ☐ 국어·영어·수학 교과서 읽고 예습, 복습 하기
  (학교 수업에 따라 과목 선정)
- ☐ 학교 숙제 하기
- ☐ 학원 수업 복습 및 숙제 하기
- ☐ 30분간 아이와 함께 책 읽기
- ☐ 주제를 정해 30분간 해피타임 가지기

- ☐ 정보검색, 체험활동 하기
- ☐ 운동하기
- ☐ 온 가족이 모여 식사 하기

- ☐ 감정 표현 놀이를 하며 아이와 소통하기
- ☐ 정보검색, 체험활동 하기
- ☐ 일주일간의 공부 내용 정리하기
- ☐ 다음 주 계획 작성하기

7월 학습 체크리스트

	M	T	W
a.m 08			
09			
10			
11			
p.m 12			
01			
02			
03			
04			
05			
06			
07			
08			
09			
10			

- ☐ 국어·영어·수학 교과서 읽고 예습, 복습 하기
  (학교 수업에 따라 과목 선정)
- ☐ 학교 숙제 하기
- ☐ 학원 수업 복습 및 숙제 하기
- ☐ 30분간 아이와 함께 책 읽기
- ☐ 주제를 정해 30분간 해피타임 가지기

- ☐ 국어·영어·수학 교과서 읽고 예습, 복습 하기
  (학교 수업에 따라 과목 선정)
- ☐ 학교 숙제 하기
- ☐ 학원 수업 복습 및 숙제 하기
- ☐ 30분간 아이와 함께 책 읽기
- ☐ 주제를 정해 30분간 해피타임 가지기

- ☐ 국어·영어·수학 교과서 읽고 예습, 복습 하기
  (학교 수업에 따라 과목 선정)
- ☐ 학교 숙제 하기
- ☐ 학원 수업 복습 및 숙제 하기
- ☐ 30분간 아이와 함께 책 읽기
- ☐ 주제를 정해 30분간 해피타임 가지기

T	F	S	S

- ☐ 국어·영어·수학 교과서 읽고 예습, 복습 하기
  (학교 수업에 따라 과목 선정)
- ☐ 학교 숙제 하기
- ☐ 학원 수업 복습 및 숙제 하기
- ☐ 30분간 아이와 함께 책 읽기
- ☐ 주제를 정해 30분간 해피타임 가지기

- ☐ 국어·영어·수학 교과서 읽고 예습, 복습 하기
  (학교 수업에 따라 과목 선정)
- ☐ 학교 숙제 하기
- ☐ 학원 수업 복습 및 숙제 하기
- ☐ 30분간 아이와 함께 책 읽기
- ☐ 주제를 정해 30분간 해피타임 가지기

- ☐ 정보검색, 체험활동 하기
- ☐ 운동하기
- ☐ 온 가족이 모여 식사 하기

- ☐ 감정 표현 놀이를 하며 아이와 소통하기
- ☐ 정보검색, 체험활동 하기
- ☐ 일주일간의 공부 내용 정리하기
- ☐ 다음 주 계획 작성하기

7월 학습 체크리스트

	M	T	W
a.m — 08			
09			
10			
11			
p.m — 12			
01			
02			
03			
04			
05			
06			
07			
08			
09			
10			
	☐ 국어·영어·수학 교과서 읽고 예습, 복습 하기 (학교 수업에 따라 과목 선정) ☐ 학교 숙제 하기 ☐ 학원 수업 복습 및 숙제 하기 ☐ 30분간 아이와 함께 책 읽기 ☐ 주제를 정해 30분간 해피타임 가지기	☐ 국어·영어·수학 교과서 읽고 예습, 복습 하기 (학교 수업에 따라 과목 선정) ☐ 학교 숙제 하기 ☐ 학원 수업 복습 및 숙제 하기 ☐ 30분간 아이와 함께 책 읽기 ☐ 주제를 정해 30분간 해피타임 가지기	☐ 국어·영어·수학 교과서 읽고 예습, 복습 하기 (학교 수업에 따라 과목 선정) ☐ 학교 숙제 하기 ☐ 학원 수업 복습 및 숙제 하기 ☐ 30분간 아이와 함께 책 읽기 ☐ 주제를 정해 30분간 해피타임 가지기

T	F	S	S

- ☐ 국어·영어·수학 교과서 읽고 예습, 복습 하기
  (학교 수업에 따라 과목 선정)
- ☐ 학교 숙제 하기
- ☐ 학원 수업 복습 및 숙제 하기
- ☐ 30분간 아이와 함께 책 읽기
- ☐ 주제를 정해 30분간 해피타임 가지기

- ☐ 국어·영어·수학 교과서 읽고 예습, 복습 하기
  (학교 수업에 따라 과목 선정)
- ☐ 학교 숙제 하기
- ☐ 학원 수업 복습 및 숙제 하기
- ☐ 30분간 아이와 함께 책 읽기
- ☐ 주제를 정해 30분간 해피타임 가지기

- ☐ 정보검색, 체험활동 하기
- ☐ 운동하기
- ☐ 온 가족이 모여 식사 하기

- ☐ 감정 표현 놀이를 하며 아이와 소통하기
- ☐ 정보검색, 체험활동 하기
- ☐ 일주일간의 공부 내용 정리하기
- ☐ 다음 주 계획 작성하기

7월 학습 체크리스트

	M	T	W
a.m 08			
09			
10			
11			
p.m 12			
01			
02			
03			
04			
05			
06			
07			
08			
09			
10			

- ☐ 국어·영어·수학 교과서 읽고 예습, 복습 하기
  (학교 수업에 따라 과목 선정)
- ☐ 학교 숙제 하기
- ☐ 학원 수업 복습 및 숙제 하기
- ☐ 30분간 아이와 함께 책 읽기
- ☐ 주제를 정해 30분간 해피타임 가지기

- ☐ 국어·영어·수학 교과서 읽고 예습, 복습 하기
  (학교 수업에 따라 과목 선정)
- ☐ 학교 숙제 하기
- ☐ 학원 수업 복습 및 숙제 하기
- ☐ 30분간 아이와 함께 책 읽기
- ☐ 주제를 정해 30분간 해피타임 가지기

- ☐ 국어·영어·수학 교과서 읽고 예습, 복습 하기
  (학교 수업에 따라 과목 선정)
- ☐ 학교 숙제 하기
- ☐ 학원 수업 복습 및 숙제 하기
- ☐ 30분간 아이와 함께 책 읽기
- ☐ 주제를 정해 30분간 해피타임 가지기

T	F	S	S

- ☐ 국어·영어·수학 교과서 읽고 예습, 복습 하기
  (학교 수업에 따라 과목 선정)
- ☐ 학교 숙제 하기
- ☐ 학원 수업 복습 및 숙제 하기
- ☐ 30분간 아이와 함께 책 읽기
- ☐ 주제를 정해 30분간 해피타임 가지기

- ☐ 국어·영어·수학 교과서 읽고 예습, 복습 하기
  (학교 수업에 따라 과목 선정)
- ☐ 학교 숙제 하기
- ☐ 학원 수업 복습 및 숙제 하기
- ☐ 30분간 아이와 함께 책 읽기
- ☐ 주제를 정해 30분간 해피타임 가지기

- ☐ 정보검색, 체험활동 하기
- ☐ 운동하기
- ☐ 온 가족이 모여 식사 하기

- ☐ 감정 표현 놀이를 하며 아이와 소통하기
- ☐ 정보검색, 체험활동 하기
- ☐ 일주일간의 공부 내용 정리하기
- ☐ 다음 주 계획 작성하기

8월의 코칭
우리 동네 학교를 알아볼까요?

'학교알리미(www.schoolinfo.go.kr)'라고 들어보았나요? 약 12,000개의 초·중·고등학교의 학생 현황, 교원 현황, 교육활동, 교육여건, 학교폭력 발생 현황, 위생, 예결산 현황, 급식 상황, 학업성취도 등 학교 전반의 주요 정보를 객관적이고 투명하게 공개하는 사이트입니다.

학교에 관한 정보를 찾고 싶으면 학교알리미 사이트 상단에 있는 검색칸에 학교명을 입력하세요. 학교 검색 페이지에는 같은 이름을 가진 학교가 다수 나오니 주소지를 확인하고 해당 학교의 '전체 항목 열람'을 클릭하세요. 학생 현황의 학교 현황을 클릭하면 학급수, 학생 수, 학급당 학생 수가 나옵니다. 강남에 있는 D초등학교를 보니 1학년은 5개 학급, 2학년은 6개 학급, 3학년은 7개 학급, 4학년은 7개 학급, 5학년은 9개 학급, 6학년은 11개 학급이네요. 전입 학생 수는 1학년 14명, 2학년 40명, 3학년 58명, 4학년 62명, 5학년 50명, 6학년 59명으로 4학년 때 전학을 제일 많이 오는 것을 알 수 있습니다. 이 자료만 봐도 D 초등학교는 1학년 학급 수의 2배가 넘는 6학년 학급수를 가진 인기 학교임을 알수있죠.

초등학교를 살펴봤으면 이제 중학교를 알아볼까요? 먼저 중학교 배정 방식부터 알아보겠습니다. 서울특별시 강남·서초교육지원청 2018학년도 중학교 입학 배정업무 시행계획에 의하면 초등 6학년 학생들은 2017년 11월 6일부터 17일까지 중학교 배정원서와 주민등록등본 1부를 제출하고, 2018년 2월 2일 중학교 배정 통지서를 교부받게 됩니다. 즉 주소지에 근거해서 중학교를 배정받는데, A아파트에 살면 ㄱ중학교에 들어간다는 식이죠. 그러나 서울시는 2020년부터 서울 중학교 학군을 전면적으로 개편할 예정이라고 합니다. 1996년 이래 시행되어온 강제 배정 방식에서 '선지원 후 추첨제'로 전환하려고 검토 중이죠.

서울시의 경우 현재 초등 저학년들은 선지원 후 추첨제로 중학교를 선택할 수 있게 될 것입니다. 이 때 학교알리미 정보를 활용하면 학교 선택에 도움이 되겠지요. 먼저 해당 중학교에 들어가 교육활동의 동아리 활동 현황, 방과 후 학교 운영 현황을 확인하세요. 상급학교 진학 시 교과(내신)와 교과 외 활동(교내활동)이 평가되니 중학교 교내 활동에 관심을 가져야 합니다. 학생 현황 중 졸업생 진로 현황에는 4년 치 고등학교 진학 실적이 있습니다. 졸업생 수와 일반고, 특성화고, 특수 목적고(과학고, 외고 / 국제고, 예고 / 체고, 마이스터고), 자율고(자율형 사립고, 자율형 공립고) 진학자가 남녀 구분해서 명기되는데 과학고와 외고 / 국제고 인원만 확인하기 바랍니다. 자율고의 경우 용인 외대부고와 같은 전국 단위 자사고와 휘문고와 같은 광역단위 자사고가 혼재해있으므로 정확한 특목고 실적이라 판단하기 어렵습니다.

학업성취도 카테고리도 확인해보세요. 교과별(학년별) 평가계획과 교과별 학업성취 사항이 있는데 전 학년 전 과목 평가계획은 한글 파일로 첨부되어 있습니다. 평가계획을 아는 학생과 모르는 학생 사이에는 큰 차이가 존재할 것입니다. 파일을 프린트해서 자녀와 함께 읽어보며 평가에 대비하기 바랍니다. **주변 지역 학교 중 아이가 진학하게 될 확률이 있는 학교 정보를 미리 알아보면, 이후 학업에 대한 대비를 할 수 있습니다. 전반적으로 학교의 교육이 어떻게 진행되고 있으며, 어떤 과정을 경험하게 되는지도 알 수 있죠. 알고 대비하는 것과 모르고 겪는 것은 전혀 다른 결과로 이어집니다.**

이 달의 활동 포인트

하나.
학교 알리미 서비스 활용하기

- 학교 알리미 서비스를 통해 아이의 학교 정보를 찾아본다.
- 아이의 진학과 관련 있는 학교 정보를 검색한다.
- 특목고, 자사고 등 학교 정보를 구분해 아이의 진학 예상 학교를 정리한다.

둘.
학교 별 활동 내용 알아두기

- 특별활동, 클럽활동 등 학교 별 활동 내역을 검색한다.
- 학년별 교과 관련 활동을 확인한다.

셋.
수행평가 정보 확인하기

- 아이가 앞으로 해야 하는 수행평가 자료를 미리 확인한다.
- 수행평가에 대비한 사전 활동을 찾아본다.

8월 엄마의 체크리스트

초등 1-6학년

- [ ] 아이 학교에 대한 정보 알아보기
- [ ] 학교 교과 과정 중 미리 준비해야 하는 내용이 있는지 체크하기
- [ ] 아이가 진학하고 싶은 학교 정보 둘러보기
- [ ] 미리 해두면 도움이 될 활동 체크하기

8월 August.

M	T	W

T	F	S	S

8월 학습 체크리스트

	M	T	W
a.m — 08			
09			
10			
11			
p.m — 12			
01			
02			
03			
04			
05			
06			
07			
08			
09			
10			

M	T	W
☐ 국어·영어·수학 교과서 읽고 예습, 복습 하기 (학교 수업에 따라 과목 선정)	☐ 국어·영어·수학 교과서 읽고 예습, 복습 하기 (학교 수업에 따라 과목 선정)	☐ 국어·영어·수학 교과서 읽고 예습, 복습 하기 (학교 수업에 따라 과목 선정)
☐ 학교 숙제 하기	☐ 학교 숙제 하기	☐ 학교 숙제 하기
☐ 학원 수업 복습 및 숙제 하기	☐ 학원 수업 복습 및 숙제 하기	☐ 학원 수업 복습 및 숙제 하기
☐ 30분간 아이와 함께 책 읽기	☐ 30분간 아이와 함께 책 읽기	☐ 30분간 아이와 함께 책 읽기
☐ 주제를 정해 30분간 해피타임 가지기	☐ 주제를 정해 30분간 해피타임 가지기	☐ 주제를 정해 30분간 해피타임 가지기

T	F	S	S

- ☐ 국어·영어·수학 교과서 읽고 예습, 복습 하기
  (학교 수업에 따라 과목 선정)
- ☐ 학교 숙제 하기
- ☐ 학원 수업 복습 및 숙제 하기
- ☐ 30분간 아이와 함께 책 읽기
- ☐ 주제를 정해 30분간 해피타임 가지기

- ☐ 국어·영어·수학 교과서 읽고 예습, 복습 하기
  (학교 수업에 따라 과목 선정)
- ☐ 학교 숙제 하기
- ☐ 학원 수업 복습 및 숙제 하기
- ☐ 30분간 아이와 함께 책 읽기
- ☐ 주제를 정해 30분간 해피타임 가지기

- ☐ 성보검색, 체험활동 하기
- ☐ 운동하기
- ☐ 온 가족이 모여 식사 하기

- ☐ 감정 표현 놀이를 하며 아이와 소통하기
- ☐ 정보검색, 체험활동 하기
- ☐ 일주일간의 공부 내용 정리하기
- ☐ 다음 주 계획 작성하기

8월 학습 체크리스트

T	F	S	S
☐ 국어·영어·수학 교과서 읽고 예습, 복습 하기 (학교 수업에 따라 과목 선정) ☐ 학교 숙제 하기 ☐ 학원 수업 복습 및 숙제 하기 ☐ 30분간 아이와 함께 책 읽기 ☐ 주제를 정해 30분간 해피타임 가지기	☐ 국어·영어·수학 교과서 읽고 예습, 복습 하기 (학교 수업에 따라 과목 선정) ☐ 학교 숙제 하기 ☐ 학원 수업 복습 및 숙제 하기 ☐ 30분간 아이와 함께 책 읽기 ☐ 주제를 정해 30분간 해피타임 가지기	☐ 정보검색, 체험활동 하기 ☐ 운동하기 ☐ 온 가족이 모여 식사 하기	☐ 김정 표현 놀이를 하며 아이와 소통하기 ☐ 정보검색, 체험활동 히기 ☐ 일주일간의 공부 내용 정리하기 ☐ 다음 주 계획 작성하기

8월 학습 체크리스트

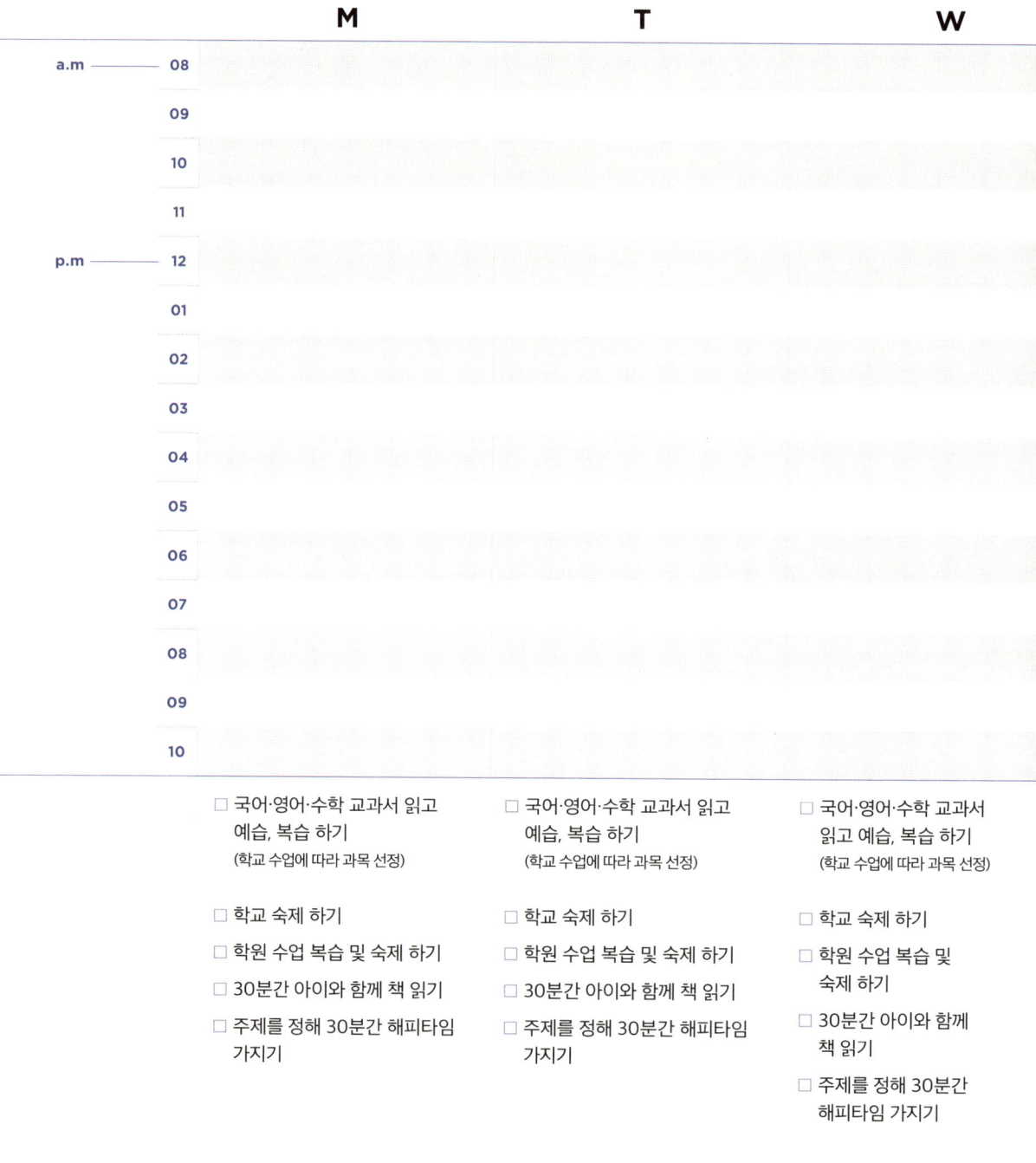

T　　　　　F　　　　　S　　　　　　　S

- ☐ 국어·영어·수학 교과서 읽고 예습, 복습 하기
  (학교 수업에 따라 과목 선정)
- ☐ 학교 숙제 하기
- ☐ 학원 수업 복습 및 숙제 하기
- ☐ 30분간 아이와 함께 책 읽기
- ☐ 주제를 정해 30분간 해피타임 가지기

- ☐ 국어·영어·수학 교과서 읽고 예습, 복습 하기
  (학교 수업에 따라 과목 선정)
- ☐ 학교 숙제 하기
- ☐ 학원 수업 복습 및 숙제 하기
- ☐ 30분간 아이와 함께 책 읽기
- ☐ 주제를 정해 30분간 해피타임 가지기

- ☐ 정보검색, 체험활동 하기
- ☐ 운동하기
- ☐ 온 가족이 모여 식사 하기

- ☐ 감정 표현 놀이를 하며 아이와 소통하기
- ☐ 정보검색, 체험활동 하기
- ☐ 일주일간의 공부 내용 정리하기
- ☐ 다음 주 계획 작성하기

8월 학습 체크리스트

	M	T	W
a.m — 08			
09			
10			
11			
p.m — 12			
01			
02			
03			
04			
05			
06			
07			
08			
09			
10			

☐ 국어·영어·수학 교과서 읽고 예습, 복습 하기
(학교 수업에 따라 과목 선정)

☐ 학교 숙제 하기
☐ 학원 수업 복습 및 숙제 하기
☐ 30분간 아이와 함께 책 읽기
☐ 주제를 정해 30분간 해피타임 가지기

☐ 국어·영어·수학 교과서 읽고 예습, 복습 하기
(학교 수업에 따라 과목 선정)

☐ 학교 숙제 하기
☐ 학원 수업 복습 및 숙제 하기
☐ 30분간 아이와 함께 책 읽기
☐ 주제를 정해 30분간 해피타임 가지기

☐ 국어·영어·수학 교과서 읽고 예습, 복습 하기
(학교 수업에 따라 과목 선정)

☐ 학교 숙제 하기
☐ 학원 수업 복습 및 숙제 하기
☐ 30분간 아이와 함께 책 읽기
☐ 주제를 정해 30분간 해피타임 가지기

T	F	S	S

- ☐ 국어·영어·수학 교과서 읽고 예습, 복습 하기
  (학교 수업에 따라 과목 선정)
- ☐ 학교 숙제 하기
- ☐ 학원 수업 복습 및 숙제 하기
- ☐ 30분간 아이와 함께 책 읽기
- ☐ 주제를 정해 30분간 해피타임 가지기

- ☐ 국어·영어·수학 교과서 읽고 예습, 복습 하기
  (학교 수업에 따라 과목 선정)
- ☐ 학교 숙제 하기
- ☐ 학원 수업 복습 및 숙제 하기
- ☐ 30분간 아이와 함께 책 읽기
- ☐ 주제를 정해 30분간 해피타임 가지기

- ☐ 정보검색, 체험활동 하기
- ☐ 운동하기
- ☐ 온 가족이 모여 식사 하기

- ☐ 감정 표현 놀이를 하며 아이와 소통하기
- ☐ 정보검색, 체험활동 하기
- ☐ 일주일간의 공부 내용 정리하기
- ☐ 다음 주 계획 작성하기

9월의 코칭
주 단위로 '주간 계획표' 만들기

새 학기가 시작되었으니, 학기를 잘 보내기 위한 계획표를 만들어볼까요? 유아나 초·중등학생에게 30일 동안 계획을 세워서 할 일은 많지 않습니다. **방과 후 진행되는 모든 학습은 요일 단위로 반복되니 주간 계획표가 적당합니다. 계획표를 만드는 목적은 적어도 우리 아이가 월요일에는 무엇을 하고 화요일에는 무엇을 해야 하는지 알도록 하는 것입니다.** "오늘은 수학학원 가는 날이야."라고 알려주지 않더라도 스스로 계획표를 보고 가방을 꾸린다면 계획표 작성의 기본 목적은 달성된 것입니다.

주간 계획표를 작성하기 전에 학교 시간표부터 외워야 합니다. 학교 시간표를 외우게 되면 우리 머리는 시간표에 맞는 메시지를 그때그때 알려줍니다. '내일은 화요일, 2교시는 영어야. 영어 숙제는 뭐고, 준비물은 뭐야'라는 식입니다. 따라서 시간표를 외우는 학생은 예·복습은 물론이고 준비물까지 완벽하게 챙길 수 있습니다. 교과서를 가져오지 않아서, 과제를 제날짜에 제출하지 않아서 수행평가 점수를 깎이는 일은 없겠지요. 공부를 잘 하는 학생일수록 학교 시간표를 빨리 외운다는 사실을 잊지 마세요.

이제 본격적으로 주간 계획표를 작성해볼까요? 먼저 A4용지를 준비합니다. 월요일부터 일요일까지 칸을 만들고 각 요일 아래에 아침 기상시간부터 밤 취침시간까지 한 시간 단위로 칸을 만듭니다. 학기 중 계획표라면 학교 시간표를 순서대로 기입하고 요일별로 다니는 학원 일정을 기입합니다. 만일 월요일 5시부터 7시까지 영어학원을 간다면 5시에서 7시까지 선을 긋고 그 안에 영어(학원명 / 시간 / 학원 전화번호)라고 기입합니다. 전화번호를 쓰는 이유는 학생이 학원과 연락을 해야 할 경우에 직접 하라는 뜻입니다.

학교 시간표와 학원 일정을 기입하고 나면 나머지 시간은 임의대로 시간표를 작성할 수 있습니다. 공부시간과 운동시간, 취미 시간에 해당되겠지요. 공부시간은 학교에서 배운 교과서를 다시 한 번 읽어보는 복습 시간, 학교와 학원의 숙제 시간, 관심 있는 분야를 스스로 찾아 공부하는 자기주도학습 시간 등이 해당됩니다. 운동시간은 전문가에게 레슨을 받는 시간과 운동장에서 혼자 혹은 친구들과 뛰어노는 시간이 되겠지요. 취미 시간은 본인이 좋아하는 일을 행복하게 할 수 있는 시간입니다. 하루에 이 모든 것을 할 수는 없지만 주 단위로 적절하게 분배하면 행복한 학창시절이 될 것입니다.

마지막으로 주간 계획표에 꼭 넣어야 하는 시간이 있습니다. 일명 해피타임으로 잠들기 전 30분간 본인이 좋아하는 일을 선택해 월요일은 독서, 화요일은 일기, 수요일은 로봇 그리기 등으로 정해 놓는 것입니다. 이를 반복하다 보면 본인이 무엇을 좋아하는지, 무엇을 잘 하는지 알게 됩니다. 주중에 하루는 학원이 없는 날로 정해 맘 편히 인터넷 검색도 하고 동영상 강의도 듣고 책도 보게 만들어주면 아이에게 해피데이가 됩니다. "너는 왜 꿈이 없니?"라고 책망하지 말고 꿈을 꾸는 시간을 만들어 주세요. 이때 본인이 연구한 것을 탐구 보고서로 만들어 놓으면 자기주도학습 능력과 전공적합성 활동으로 인정받게 됩니다.

이 달의 활동 포인트

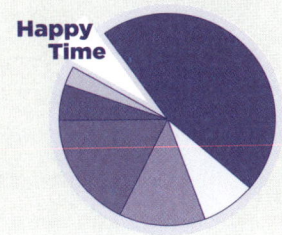

하나.
학교 시간표 외우고 복습 일정 짜기

- 아이의 학교 시간표를 함께 외운다.

- 숙제 시간은 별도로 정해둔다.

- 자기주도학습 시간을 만들어 준다.

둘.
학원 일정표 작성하기

- 요일별로 주요 과목 1곳, 예체능 1곳 이상 학원을 보내지 않는다.

- 주중에 하루는 학원 없는 날을 만들어 아이가 좋아하는 것을 하도록 한다.

- 학원 일정에는 학원명, 과목, 시간, 강사, 전화번호 등을 자세하게 적는다.

- 학원 수업 후 복습과 숙제 시간을 별도로 만들어 둔다.

셋.
해피타임 만들기

- 잠자기 전 30분은 아이가 하고 싶은 일을 할 수 있는 시간을 만들어 준다.

- 운동 시간을 만들어 건강도 챙길 수 있게 한다.

9월 엄마의 체크리스트

초등 1-6학년

- ☐ 주간 계획표 만들기
- ☐ 학교 시간표와 개인 시간표, 학원 시간표, 숙제 시간 등 일정을 전체적으로 고려해 주간 계획표 작성하기
- ☐ 해피타임을 만들어 아이가 하고 싶은 일을 할 수 있게 해주기
- ☐ 완성한 주간 계획표를 프린트해 아이가 늘 볼 수 있는 곳에 붙이기
- ☐ 주중에는 국어, 수학, 영어 복습하기
- ☐ 주말에는 사회, 과학 복습하기

9월 September.

M	T	W

T	F	S	S

9월 학습 체크리스트

	M	T	W
a.m — 08			
09			
10			
11			
p.m — 12			
01			
02			
03			
04			
05			
06			
07			
08			
09			
10			

M	T	W
☐ 국어·영어·수학 교과서 읽고 예습, 복습 하기 (학교 수업에 따라 과목 선정)	☐ 국어·영어·수학 교과서 읽고 예습, 복습 하기 (학교 수업에 따라 과목 선정)	☐ 국어·영어·수학 교과서 읽고 예습, 복습 하기 (학교 수업에 따라 과목 선정)
☐ 학교 숙제 하기	☐ 학교 숙제 하기	☐ 학교 숙제 하기
☐ 학원 수업 복습 및 숙제 하기	☐ 학원 수업 복습 및 숙제 하기	☐ 학원 수업 복습 및 숙제 하기
☐ 30분간 아이와 함께 책 읽기	☐ 30분간 아이와 함께 책 읽기	☐ 30분간 아이와 함께 책 읽기
☐ 주제를 정해 30분간 해피타임 가지기	☐ 주제를 정해 30분간 해피타임 가지기	☐ 주제를 정해 30분간 해피타임 가지기

T	F	S	S
☐ 국어·영어·수학 교과서 읽고 예습, 복습 하기 (학교 수업에 따라 과목 선정)	☐ 국어·영어·수학 교과서 읽고 예습, 복습 하기 (학교 수업에 따라 과목 선정)	☐ 정보검색, 체험활동 하기 ☐ 운동하기 ☐ 온 가족이 모여 식사 하기	☐ 감정 표현 놀이를 하며 아이와 소통하기
☐ 학교 숙제 하기	☐ 학교 숙제 하기		☐ 정보검색, 체험활동 하기
☐ 학원 수업 복습 및 숙제 하기	☐ 학원 수업 복습 및 숙제 하기		☐ 일주일간의 공부 내용 정리하기
☐ 30분간 아이와 함께 책 읽기	☐ 30분간 아이와 함께 책 읽기		☐ 다음 주 계획 작성하기
☐ 주제를 정해 30분간 해피타임 가지기	☐ 주제를 정해 30분간 해피타임 가지기		

9월 학습 체크리스트

| T | F | S | S |

- 국어·영어·수학 교과서 읽고 예습, 복습 하기
  (학교 수업에 따라 과목 선정)
- 학교 숙제 하기
- 학원 수업 복습 및 숙제 하기
- 30분간 아이와 함께 책 읽기
- 주제를 정해 30분간 해피타임 가지기

- 국어·영어·수학 교과서 읽고 예습, 복습 하기
  (학교 수업에 따라 과목 선정)
- 학교 숙제 하기
- 학원 수업 복습 및 숙제 하기
- 30분간 아이와 함께 책 읽기
- 주제를 정해 30분간 해피타임 가지기

- 정보검색, 체험활동 하기
- 운동하기
- 온 가족이 모여 식사 하기

- 감정 표현 놀이를 하며 아이와 소통하기
- 정보검색, 체험활동 하기
- 일주일간의 공부 내용 정리하기
- 다음 주 계획 작성하기

9월 학습 체크리스트

	M	T	W
a.m 08			
09			
10			
11			
p.m 12			
01			
02			
03			
04			
05			
06			
07			
08			
09			
10			

- ☐ 국어·영어·수학 교과서 읽고 예습, 복습 하기
  (학교 수업에 따라 과목 선정)
- ☐ 학교 숙제 하기
- ☐ 학원 수업 복습 및 숙제 하기
- ☐ 30분간 아이와 함께 책 읽기
- ☐ 주제를 정해 30분간 해피타임 가지기

- ☐ 국어·영어·수학 교과서 읽고 예습, 복습 하기
  (학교 수업에 따라 과목 선정)
- ☐ 학교 숙제 하기
- ☐ 학원 수업 복습 및 숙제 하기
- ☐ 30분간 아이와 함께 책 읽기
- ☐ 주제를 정해 30분간 해피타임 가지기

- ☐ 국어·영어·수학 교과서 읽고 예습, 복습 하기
  (학교 수업에 따라 과목 선정)
- ☐ 학교 숙제 하기
- ☐ 학원 수업 복습 및 숙제 하기
- ☐ 30분간 아이와 함께 책 읽기
- ☐ 주제를 정해 30분간 해피타임 가지기

T	F	S	S
☐ 국어·영어·수학 교과서 읽고 예습, 복습 하기 (학교 수업에 따라 과목 선정)	☐ 국어·영어·수학 교과서 읽고 예습, 복습 하기 (학교 수업에 따라 과목 선정)	☐ 정보검색, 체험활동 하기	☐ 감정 표현 놀이를 하며 아이와 소통하기
☐ 학교 숙제 하기	☐ 학교 숙제 하기	☐ 운동하기	☐ 정보검색, 체험활동 하기
☐ 학원 수업 복습 및 숙제 하기	☐ 학원 수업 복습 및 숙제 하기	☐ 온 가족이 모여 식사 하기	☐ 일주일간의 공부 내용 정리하기
☐ 30분간 아이와 함께 책 읽기	☐ 30분간 아이와 함께 책 읽기		☐ 다음 주 계획 작성하기
☐ 주제를 정해 30분간 해피타임 가지기	☐ 주제를 정해 30분간 해피타임 가지기		

9월 학습 체크리스트

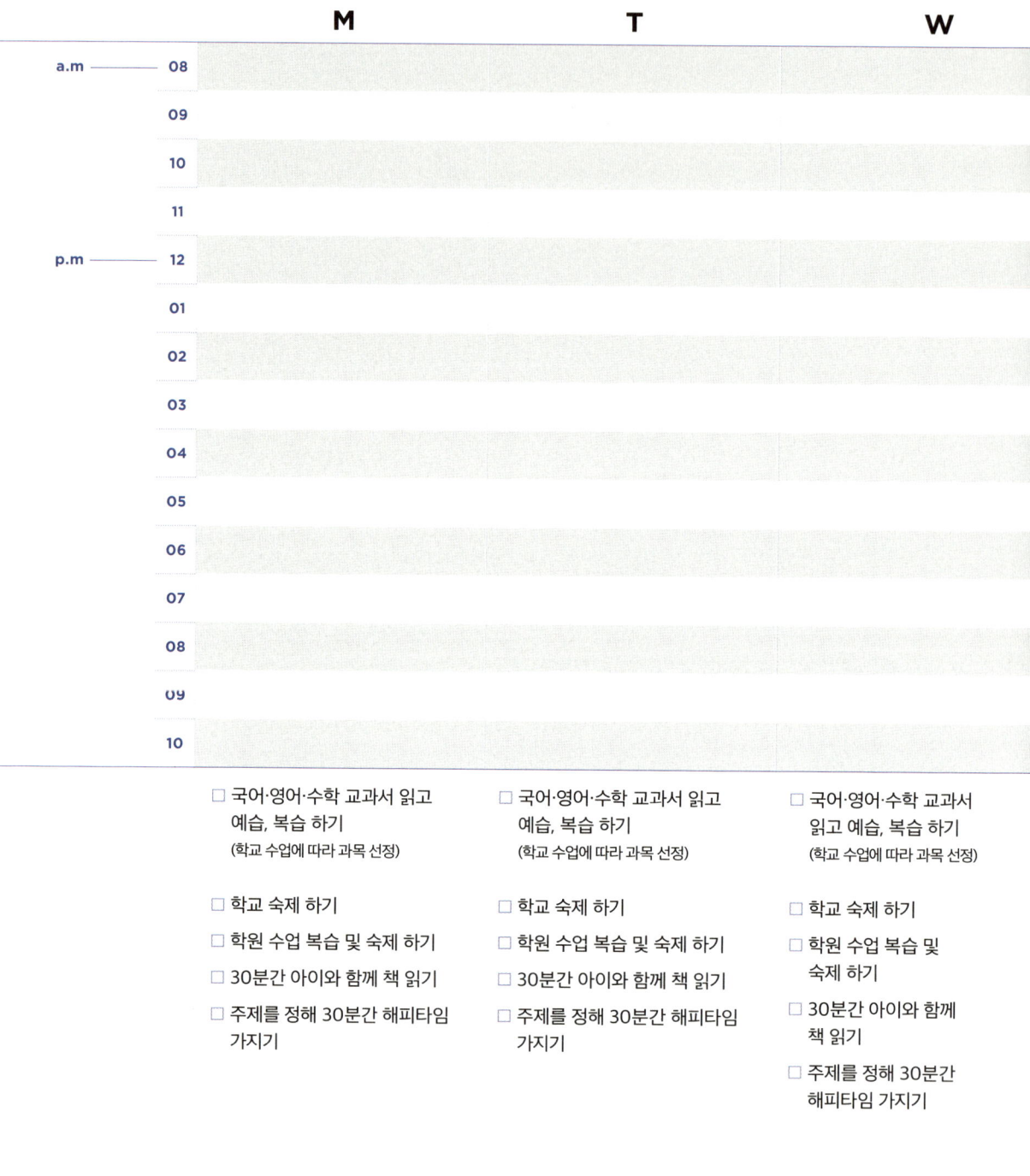

T	F	S	S

- ☐ 국어·영어·수학 교과서 읽고 예습, 복습 하기
  (학교 수업에 따라 과목 선정)
- ☐ 학교 숙제 하기
- ☐ 학원 수업 복습 및 숙제 하기
- ☐ 30분간 아이와 함께 책 읽기
- ☐ 주제를 정해 30분간 해피타임 가지기

- ☐ 국어·영어·수학 교과서 읽고 예습, 복습 하기
  (학교 수업에 따라 과목 선정)
- ☐ 학교 숙제 하기
- ☐ 학원 수업 복습 및 숙제 하기
- ☐ 30분간 아이와 함께 책 읽기
- ☐ 주제를 정해 30분간 해피타임 가지기

- ☐ 정보검색, 체험활동 하기
- ☐ 운동하기
- ☐ 온 가족이 모여 식사 하기

- ☐ 감정 표현 놀이를 하며 아이와 소통하기
- ☐ 정보검색, 체험활동 하기
- ☐ 일주일간의 공부 내용 정리하기
- ☐ 다음 주 계획 작성하기

# 10월의 코칭
입시에서 독서가 가지는 의미는?

한때 TV를 없애고 거실을 서재처럼 꾸미는 인테리어가 유행이었습니다. 천장 끝까지 책장을 짜고 수많은 책을 꽂아놓으면 자녀교육에 애쓰는 열혈맘으로 보이곤 했지요. 책육아라는 말은 아직도 엄마들 마음속에 새겨져 있습니다. 학원 등 사교육기관에 보내지 않고 오로지 책만 읽히며 교육하는 방식인데 책육아를 하는 분들이 애용하는 사이트에는 다양한 연령별 필독서가 판매되고 있습니다. 이 많은 책을 다 읽어야 책육아도 되고 제대로 된 독서활동도 되는 건지 저 역시 궁금합니다.

서울대 입학처 홈페이지에 들어가 보면 독서에 관한 의미를 정확히 알 수 있습니다. "**독서는 모든 공부의 기초가 되며, 대학생활의 기본 소양입니다. 어디서 책을 찾을까요? 수업 안에서도 답을 얻을 수 있습니다.** 교과와 관련된 인문학, 사회과학, 자연과학, 철학, 공학 분야 도서를 수업 활동 중 선생님이 추천해줄 수도 있고 토론 활동, 주제탐구 활동에서 관련 도서를 만날 수도 있습니다. 어떤 책을 읽어야 할까요? 그것은 여러분의 선택입니다. 이미 학교생활에서 도서를 선정하는 계기를 많이 접할 수 있을 것입니다. 더 알고 싶은 분야의 전문서적을 찾아 읽을 수도 있고, 호기심으로 책을 선택할 수도 있을 것입니다. 책을 읽다가 생긴 궁금증으로 또 다른 책을 선택하기도 합니다. 어떤 분야의 책이든지 읽고 또 읽어가는 사이에 생각하는 힘, 글쓰기 능력, 전문지식, 의사소통 능력, 교양이 쌓여갈 것입니다. 타의에 의한 수박 겉핥기 식 독서는 도움이 되지 않습니다. 수많은 책들 가운데 그 책이 나에게 왜 의미가 있었는지, 읽고 나서 나에게 어떤 변화를 주었는지 생각하기 바랍니다. 서울대학교는 독서를 통해 생각을 키워온 큰 사람을 기다립니다.(출처: 서울대 홈페이지)"

이 글에서 알 수 있듯 책을 몇 권 읽었는지는 중요하지 않습니다. 이 책을 왜 선정했는지가 더 중요합니다. 선정 이유는 단순한 내용 요약이나 감상을 말하는 게 아니라 이 책을 어떻게 읽게 되었는지, 책에 대한 본인의 평가는 어떤지, 책을 읽고 나서 변화된 점은 어떤 것인지를 적는 것입니다. 즉 **이 책이 나에게 어떤 의미인지가 중요합니다.** 따라서 연령별 필독서, 학교 / 기관 추천 리스트는 큰 의미가 없습니다. 교과서에 책의 내용 일부가 발췌되어 수록된 것을 보고 전체 내용이 궁금해서 도서를 구입해 읽어봐도 좋고, 작가의 다른 작품을 찾아봐도 좋고, 같은 주제를 가지고 여러 작가가 쓴 글을 읽어봐도 좋습니다. 초등학생이 이런 활동을 하는 게 어려울 수도 있으나 도서관이나 서점을 자주 다니며 스스로 책을 고를 수 있다면 충분히 가능합니다.

많은 학부모들이 초등학교 2학년만 되어도 책 읽을 시간이 없다고 걱정합니다. 독서는 시간이 남아서 하는 활동이 아닙니다. 초등학교 4학년인데 책 한 권을 옆에 끼고 시간이 날 때마다 읽는 학생이 공부를 잘 할 확률이 높습니다. 이야기책이나 만화책, 판타지 소설을 벗어나 역사와 신화에 관한 책, 논리에 관련된 책, 경제 / 직업에 관련된 책을 읽는 것이 중요합니다. 중학교에 입학하면 이런 책들을 읽었다는 가정 하에 수업이 진행될 수 있으니까요. **우선 책장을 보고 학년에 맞지 않은 책들은 과감하게 정리하기 바랍니다. 그리고 아이가 선택하는 도서들로 다시 채워보세요.**

이 달의 활동 포인트

  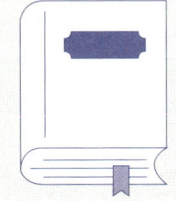  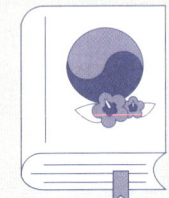

하나.
그림책 읽고 건강한 사람 되기

- 예쁜 그림들을 만져보며 그림책을 읽는다.
- 함께 그림책을 고르고 엄마가 읽어주며 아이가 집중해 들을 수 있도록 한다.
- 한글을 깨우칠 수 있도록 글자 공부를 하며 읽는다.

둘.
필독서, 과학도서 읽고 지적인 사람 되기

- 학습과 연관된 도서 목록을 만든다.
- 책을 통해 학습 내용의 배경지식을 이해한다.
- 같은 주제의 독서를 꾸준히 하며 집중력을 향상시킨다.

셋.
고전, 명작, 인문사회, 역사책 읽고 매력 있는 사람 되기

- 다양한 분야의 독서를 통해 아이의 생각을 키워준다.
- 논리력과 사고력을 높일 수 있는 책 읽기를 습관화한다.
- 독서 후 함께 이야기를 나누며 통찰력 향상을 돕는다.

넷.
영어책, 논술 책 읽고 통하는 사람 되기

- 말하기, 쓰기, 읽기 등 능력 향상에 도움이 되는 읽기를 진행한다.
- 다양한 언어로의 소통을 경험한다.

다섯.
위인전 읽고 성공한 사람 되기

- 여러 인물의 이야기를 읽고 롤모델을 정할 수 있게 한다.
- 아이가 호기심을 보이는 직업을 가진 위인들의 이야기를 읽도록 한다.
- 진로에 대해 아이 스스로 생각하는 기회를 만들어 준다.

10월 엄마의 체크리스트

초등 1-6학년

- ☐ 각 분야별 독서 리스트 만들기
- ☐ 입시를 위한 필독서 중 아이가 읽을 수 있는 수준의 독서 목록 정리하기
- ☐ 아이가 호기심을 보이는 분야의 위인전 리스트 만들기
- ☐ 책을 각 분야별로 구분해 정리하기
- ☐ 책을 읽은 후 독서감상문 쓰기
- ☐ 읽은 책들의 리스트를 따로 작성해 두기

10월 October.

M	T	W

T	F	S	S

10월 학습 체크리스트

	M	T	W
a.m — 08			
09			
10			
11			
p.m — 12			
01			
02			
03			
04			
05			
06			
07			
08			
09			
10			

M	T	W
☐ 국어·영어·수학 교과서 읽고 예습, 복습 하기 (학교 수업에 따라 과목 선정)	☐ 국어·영어·수학 교과서 읽고 예습, 복습 하기 (학교 수업에 따라 과목 선정)	☐ 국어·영어·수학 교과서 읽고 예습, 복습 하기 (학교 수업에 따라 과목 선정)
☐ 학교 숙제 하기	☐ 학교 숙제 하기	☐ 학교 숙제 하기
☐ 학원 수업 복습 및 숙제 하기	☐ 학원 수업 복습 및 숙제 하기	☐ 학원 수업 복습 및 숙제 하기
☐ 30분간 아이와 함께 책 읽기	☐ 30분간 아이와 함께 책 읽기	☐ 30분간 아이와 함께 책 읽기
☐ 주제를 정해 30분간 해피타임 가지기	☐ 주제를 정해 30분간 해피타임 가지기	☐ 주제를 정해 30분간 해피타임 가지기

T	F	S	S

- ☐ 국어·영어·수학 교과서 읽고 예습, 복습 하기
  (학교 수업에 따라 과목 선정)
- ☐ 학교 숙제 하기
- ☐ 학원 수업 복습 및 숙제 하기
- ☐ 30분간 아이와 함께 책 읽기
- ☐ 주제를 정해 30분간 해피타임 가지기

- ☐ 국어·영어·수학 교과서 읽고 예습, 복습 하기
  (학교 수업에 따라 과목 선정)
- ☐ 학교 숙제 하기
- ☐ 학원 수업 복습 및 숙제 하기
- ☐ 30분간 아이와 함께 책 읽기
- ☐ 주제를 정해 30분간 해피타임 가지기

- ☐ 정보검색, 체험활동 하기
- ☐ 운동하기
- ☐ 온 가족이 모여 식사 하기

- ☐ 감정 표현 놀이를 하며 아이와 소통하기
- ☐ 정보검색, 체험활동 하기
- ☐ 일주일간의 공부 내용 정리하기
- ☐ 다음 주 계획 작성하기

10월 학습 체크리스트

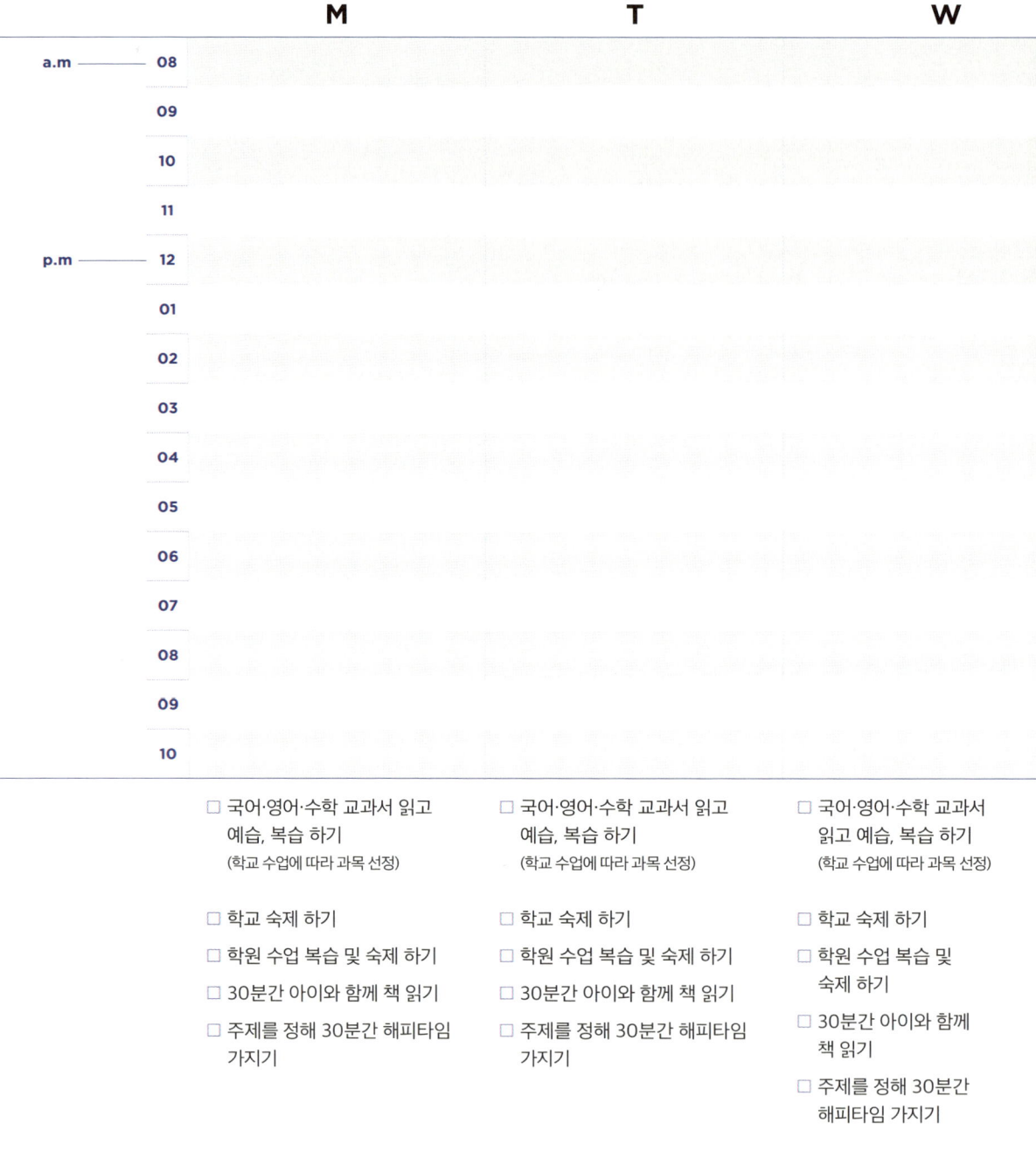

T	F	S	S

- ☐ 국어·영어·수학 교과서 읽고 예습, 복습 하기
  (학교 수업에 따라 과목 선정)
- ☐ 학교 숙제 하기
- ☐ 학원 수업 복습 및 숙제 하기
- ☐ 30분간 아이와 함께 책 읽기
- ☐ 주제를 정해 30분간 해피타임 가지기

- ☐ 국어·영어·수학 교과서 읽고 예습, 복습 하기
  (학교 수업에 따라 과목 선정)
- ☐ 학교 숙제 하기
- ☐ 학원 수업 복습 및 숙제 하기
- ☐ 30분간 아이와 함께 책 읽기
- ☐ 주제를 정해 30분간 해피타임 가지기

- ☐ 정보검색, 체험활동 하기
- ☐ 운동하기
- ☐ 온 가족이 모여 식사 하기

- ☐ 감정 표현 놀이를 하며 아이와 소통하기
- ☐ 정보검색, 체험활동 하기
- ☐ 일주일간의 공부 내용 정리하기
- ☐ 다음 주 계획 작성하기

10월 학습 체크리스트

	M	T	W
a.m 08			
09			
10			
11			
p.m 12			
01			
02			
03			
04			
05			
06			
07			
08			
09			
10			

☐ 국어·영어·수학 교과서 읽고 예습, 복습 하기 (학교 수업에 따라 과목 선정)	☐ 국어·영어·수학 교과서 읽고 예습, 복습 하기 (학교 수업에 따라 과목 선정)	☐ 국어·영어·수학 교과서 읽고 예습, 복습 하기 (학교 수업에 따라 과목 선정)
☐ 학교 숙제 하기	☐ 학교 숙제 하기	☐ 학교 숙제 하기
☐ 학원 수업 복습 및 숙제 하기	☐ 학원 수업 복습 및 숙제 하기	☐ 학원 수업 복습 및 숙제 하기
☐ 30분간 아이와 함께 책 읽기	☐ 30분간 아이와 함께 책 읽기	☐ 30분간 아이와 함께 책 읽기
☐ 주제를 정해 30분간 해피타임 가지기	☐ 주제를 정해 30분간 해피타임 가지기	☐ 주제를 정해 30분간 해피타임 가지기

| T | F | S | S |

- ☐ 국어·영어·수학 교과서 읽고 예습, 복습 하기
  (학교 수업에 따라 과목 선정)
- ☐ 학교 숙제 하기
- ☐ 학원 수업 복습 및 숙제 하기
- ☐ 30분간 아이와 함께 책 읽기
- ☐ 주제를 정해 30분간 해피타임 가지기

- ☐ 국어·영어·수학 교과서 읽고 예습, 복습 하기
  (학교 수업에 따라 과목 선정)
- ☐ 학교 숙제 하기
- ☐ 학원 수업 복습 및 숙제 하기
- ☐ 30분간 아이와 함께 책 읽기
- ☐ 주제를 정해 30분간 해피타임 가지기

- ☐ 정보검색, 체험활동 하기
- ☐ 운동하기
- ☐ 온 가족이 모여 식사 하기

- ☐ 감정 표현 놀이를 하며 아이와 소통하기
- ☐ 정보검색, 체험활동 하기
- ☐ 일주일간의 공부 내용 정리하기
- ☐ 다음 주 계획 작성하기

10월 학습 체크리스트

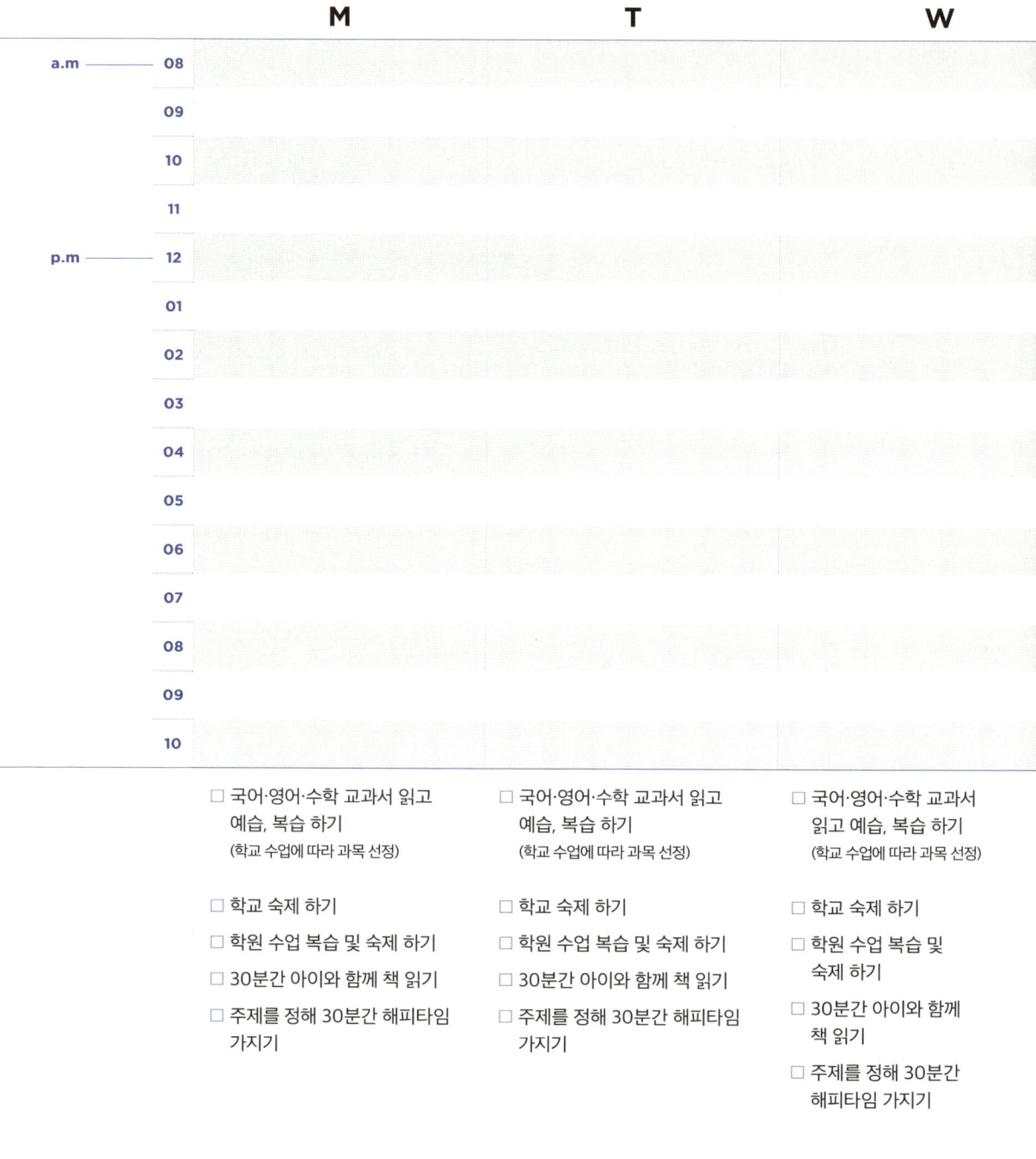

	T		F		S		S

- ☐ 국어·영어·수학 교과서 읽고 예습, 복습 하기
  (학교 수업에 따라 과목 선정)
- ☐ 학교 숙제 하기
- ☐ 학원 수업 복습 및 숙제 하기
- ☐ 30분간 아이와 함께 책 읽기
- ☐ 주제를 정해 30분간 해피타임 가지기

- ☐ 국어·영어·수학 교과서 읽고 예습, 복습 하기
  (학교 수업에 따라 과목 선정)
- ☐ 학교 숙제 하기
- ☐ 학원 수업 복습 및 숙제 하기
- ☐ 30분간 아이와 함께 책 읽기
- ☐ 주제를 정해 30분간 해피타임 가지기

- ☐ 정보검색, 체험활동 하기
- ☐ 운동하기
- ☐ 온 가족이 모여 식사 하기

- ☐ 감정 표현 놀이를 하며 아이와 소통하기
- ☐ 정보검색, 체험활동 하기
- ☐ 일주일간의 공부 내용 정리하기
- ☐ 다음 주 계획 작성하기

11월의 코칭
진로탐색주간, '자유학기제와 우리 아이 진로'

교육부에서는 자유학기제와 연계하여 학생들에게 꿈과 끼를 찾는 진로탐색 기회를 제공하고, 체계적인 진로교육을 실시하기 위해 제2차 진로교육 5개년 기본계획('16~'20)을 발표했습니다. 초등학교에서는 진로인식, 중학교에서는 진로탐색, 고등학교에서는 진로설계, 대학교에서는 진로를 선택하는 교육체계입니다. 초등학교 학생들은 실과 시간과 일반 교과목 시간을 활용해 교과 연계형 진로교육을 받습니다. 현장 견학과 명사 초청 특강 등을 통해 다양한 직업군을 접할 기회를 갖게 됩니다. 중학교에서는 진로탐색 중심으로 창의적 체험활동을 운영하고 일반 교과 과목과 연계하여 진로교육을 실시합니다.

자유학기제는 중학교 과정 중 한 학기 동안 학생들이 중간 / 기말고사 등 시험 부담에서 벗어나 본인의 진로를 탐색해보는 교육과정입니다. 자유학기제 기간 동안 학교생활은 교과 수업과 자유학기활동으로 나누어집니다. 오전에는 국어, 영어, 수학, 사회, 과학, 기술과정, 체육, 도덕 등 교과 수업이 이루어집니다. 수업은 토론, 실험, 실습, 프로젝트 학습 등 전 과정에 학생이 주도적으로 참여하고 평가는 관찰평가, 형성평가, 자기성찰 평가, 포트폴리오 평가, 수행평가로 받습니다. 오후에는 진로탐색 활동, 주제 선택활동, 예술, 체육활동, 동아리 활동 등 다양한 자유학기활동이 이루어집니다. 자유학기제는 점차 2개 학기 이상의 자유학기를 운영하는 자유학년제로 확대되어 2018년부터 본격적으로 시행됩니다.

모든 부모는 자녀의 진로에 대해 고민합니다. 막연하게 '우리 아이가 좋아하는 일을 했으면 좋겠어'라고 생각하지 말고 아이와 함께 진로체험을 떠나보세요. 먼저 커리어넷 사이트 (www.career.go.kr)에 접속합니다. 초등학생을 위한 진로탐색 프로그램인 아로주니어를 통해 직업여행도 경험해 볼 수 있습니다. 아로주니어 플러스에는 84개의 직업을 알려주는 주니어 직업사전과 미래사회의 직업이 자세하게 설명되어 있습니다. 워크넷(www.work.go.kr) 직업심리검사에서 청소년의 자기이해 및 진로탐색을 클릭하면 초등학생 진로인식 검사가 있는데 자기탐색, 의사결정사항, 대인관계 성향을 알아보는 자기이해와 직업 편견, 직업가치관을 알아보는 직업세계인식 그리고 진로 준비성, 자기 주도성을 알아보는 진로 태도도 측정할 수 있습니다. 이런 활동을 통해 아이가 어떤 일에 흥미를 보이는지 알아두면 이후 진로 결정에 도움이 됩니다.

아이가 호기심을 가지는 분야에서 실제로 일하고 있는 인물을 만나 볼 수 있는 기회도 만들어보세요. 실제로 어떤 일을 하는 건지, 현재 직업에 만족하는지, 어떤 이야기를 해주고 싶은지 현직에 있는 분의 이야기를 들어보면 큰 도움이 될 것입니다. 어떤 학교를 가야 하고, 어떤 공부들을 했는지 직접 듣고 초등학생부터 어떤 준비를 해야 하는지 알게 된다면 우리 아이가 꿈에 한 발짝 다가갈 수 있을 것입니다. 이런 과정을 기록으로 남기면 차후 진정성 있는 진로활동으로 인정받게 됩니다.

이 달의 활동 포인트

  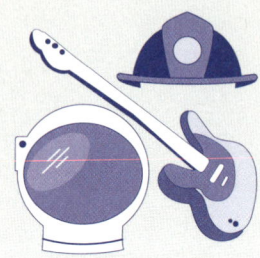

하나.
자유학기제에 대해 정확히 이해하기

- 자유학기제에 대한 설명을 읽고 정확한 의미를 이해한다.

- 자유학기제를 통해 이떤 활동을 해야 하는지 인지한 후, 아이에게 설명한다.

둘.
아이가 호기심을 가지는 분야 찾기

- 아이가 관심을 가지는 분야가 무엇인지 관찰한다.

- 내화를 통해 어떤 직업을 갖고 싶은지 들어본다.

- 아이의 관심이 있는 분야에 대해 먼저 이해한다.

- 온라인을 통해 직업심리 검사를 할 수 있는 사이트를 알아둔다.

- 진로를 찾는데 도움이 되는 검사를 진행한다.

- 검사 결과를 바탕으로 아이와 대화하며 진로 방향을 정해본다.

- 미래 유망 직업을 알아보고 아이와 함께 이야기를 나눠본다.

셋.
직업을 경험할 수 있는 기회 만들기

- 직업 체험을 할 수 있는 활동을 함께 한다.

- 활동 보고서를 작성하며 아이가 직업에 대해 가진 생각을 알아본다.

- 아이가 호기심을 가진 직업군에서 일 하고 있는 전문가를 만난다.

11월 엄마의 체크리스트

초등 1-6학년

☐ 아이가 흥미를 가지는 것들이 무엇인지 적어보기

☐ 아이가 평소 잘하는 것과 좋아하는 것을 구분해 적어보기

☐ 아이의 진로 적성 검사 해보기

☐ 직업을 미리 경험할 수 있는 체험 활동을 2개 이상 해보기

☐ 아이의 관심 직업군에서 일하는 사람들과 만나보기

☐ 활동 보고서를 작성하며 아이가 하고 싶은 직업, 원하는 진로에 대해 이야기 나누기

☐ _____
☐ _____
☐ _____
☐ _____
☐ _____
☐ _____
☐ _____
☐ _____
☐ _____
☐ _____
☐ _____
☐ _____

11월 November.

M	T	W

T	F	S	S

11월 학습 체크리스트

	M	T	W
a.m 08			
09			
10			
11			
p.m 12			
01			
02			
03			
04			
05			
06			
07			
08			
09			
10			

M
- ☐ 국어·영어·수학 교과서 읽고 예습, 복습 하기
  (학교 수업에 따라 과목 선정)
- ☐ 학교 숙제 하기
- ☐ 학원 수업 복습 및 숙제 하기
- ☐ 30분간 아이와 함께 책 읽기
- ☐ 주제를 정해 30분간 해피타임 가지기

T
- ☐ 국어·영어·수학 교과서 읽고 예습, 복습 하기
  (학교 수업에 따라 과목 선정)
- ☐ 학교 숙제 하기
- ☐ 학원 수업 복습 및 숙제 하기
- ☐ 30분간 아이와 함께 책 읽기
- ☐ 주제를 정해 30분간 해피타임 가지기

W
- ☐ 국어·영어·수학 교과서 읽고 예습, 복습 하기
  (학교 수업에 따라 과목 선정)
- ☐ 학교 숙제 하기
- ☐ 학원 수업 복습 및 숙제 하기
- ☐ 30분간 아이와 함께 책 읽기
- ☐ 주제를 정해 30분간 해피타임 가지기

T	F	S	S

- ☐ 국어·영어·수학 교과서 읽고 예습, 복습 하기
  (학교 수업에 따라 과목 선정)
- ☐ 학교 숙제 하기
- ☐ 학원 수업 복습 및 숙제 하기
- ☐ 30분간 아이와 함께 책 읽기
- ☐ 주제를 정해 30분간 해피타임 가지기

- ☐ 국어·영어·수학 교과서 읽고 예습, 복습 하기
  (학교 수업에 따라 과목 선성)
- ☐ 학교 숙제 하기
- ☐ 학원 수업 복습 및 숙제 하기
- ☐ 30분간 아이와 함께 책 읽기
- ☐ 주제를 정해 30분간 해피타임 가지기

- ☐ 정보검색, 체험활동 하기
- ☐ 운동하기
- ☐ 온 가족이 모여 식사 하기

- ☐ 감정 표현 놀이를 하며 아이와 소통하기
- ☐ 정보검색, 체험활동 하기
- ☐ 일주일간의 공부 내용 정리하기
- ☐ 다음 주 계획 작성하기

11월 학습 체크리스트

	M	T	W
a.m 08			
09			
10			
11			
p.m 12			
01			
02			
03			
04			
05			
06			
07			
08			
09			
10			

M	T	W
☐ 국어·영어·수학 교과서 읽고 예습, 복습 하기 (학교 수업에 따라 과목 선정)	☐ 국어·영어·수학 교과서 읽고 예습, 복습 하기 (학교 수업에 따라 과목 선정)	☐ 국어·영어·수학 교과서 읽고 예습, 복습 하기 (학교 수업에 따라 과목 선정)
☐ 학교 숙제 하기	☐ 학교 숙제 하기	☐ 학교 숙제 하기
☐ 학원 수업 복습 및 숙제 하기	☐ 학원 수업 복습 및 숙제 하기	☐ 학원 수업 복습 및 숙제 하기
☐ 30분간 아이와 함께 책 읽기	☐ 30분간 아이와 함께 책 읽기	☐ 30분간 아이와 함께 책 읽기
☐ 주제를 정해 30분간 해피타임 가지기	☐ 주제를 정해 30분간 해피타임 가지기	☐ 주제를 정해 30분간 해피타임 가지기

T	F	S	S

- ☐ 국어·영어·수학 교과서 읽고 예습, 복습 하기
  (학교 수업에 따라 과목 선정)
- ☐ 학교 숙제 하기
- ☐ 학원 수업 복습 및 숙제 하기
- ☐ 30분간 아이와 함께 책 읽기
- ☐ 주제를 정해 30분간 해피타임 가지기

- ☐ 국어·영어·수학 교과서 읽고 예습, 복습 하기
  (학교 수업에 따라 과목 선정)
- ☐ 학교 숙제 하기
- ☐ 학원 수업 복습 및 숙제 하기
- ☐ 30분간 아이와 함께 책 읽기
- ☐ 주제를 정해 30분간 해피타임 가지기

- ☐ 정보검색, 체험활동 하기
- ☐ 운동하기
- ☐ 온 가족이 모여 식사 하기

- ☐ 감정 표현 놀이를 하며 아이와 소통하기
- ☐ 정보검색, 체험활동 하기
- ☐ 일주일간의 공부 내용 정리하기
- ☐ 다음 주 계획 작성하기

11월 학습 체크리스트

	M	T	W
a.m 08			
09			
10			
11			
p.m 12			
01			
02			
03			
04			
05			
06			
07			
08			
09			
10			

M	T	W
☐ 국어·영어·수학 교과서 읽고 예습, 복습 하기 (학교 수업에 따라 과목 선정)	☐ 국어·영어·수학 교과서 읽고 예습, 복습 하기 (학교 수업에 따라 과목 선정)	☐ 국어·영어·수학 교과서 읽고 예습, 복습 하기 (학교 수업에 따라 과목 선정)
☐ 학교 숙제 하기	☐ 학교 숙제 하기	☐ 학교 숙제 하기
☐ 학원 수업 복습 및 숙제 하기	☐ 학원 수업 복습 및 숙제 하기	☐ 학원 수업 복습 및 숙제 하기
☐ 30분간 아이와 함께 책 읽기	☐ 30분간 아이와 함께 책 읽기	☐ 30분간 아이와 함께 책 읽기
☐ 주제를 정해 30분간 해피타임 가지기	☐ 주제를 정해 30분간 해피타임 가지기	☐ 주제를 정해 30분간 해피타임 가지기

T	F	S	S
☐ 국어·영어·수학 교과서 읽고 예습, 복습 하기 (학교 수업에 따라 과목 선정) ☐ 학교 숙제 하기 ☐ 학원 수업 복습 및 숙제 하기 ☐ 30분간 아이와 함께 책 읽기 ☐ 주제를 정해 30분간 해피타임 가지기	☐ 국어·영어·수학 교과서 읽고 예습, 복습 하기 (학교 수업에 따라 과목 선정) ☐ 학교 숙제 하기 ☐ 학원 수업 복습 및 숙제 하기 ☐ 30분간 아이와 함께 책 읽기 ☐ 주제를 정해 30분간 해피타임 가지기	☐ 정보검색, 체험활동 하기 ☐ 운동하기 ☐ 온 가족이 모여 식사 하기	☐ 감정 표현 놀이를 하며 아이와 소통하기 ☐ 정보검색, 체험활동 하기 ☐ 일주일간의 공부 내용 정리하기 ☐ 다음 주 계획 작성하기

11월 학습 체크리스트

	M	T	W
a.m 08			
09			
10			
11			
p.m 12			
01			
02			
03			
04			
05			
06			
07			
08			
09			
10			

☐ 국어·영어·수학 교과서 읽고 예습, 복습 하기 (학교 수업에 따라 과목 선정)	☐ 국어·영어·수학 교과서 읽고 예습, 복습 하기 (학교 수업에 따라 과목 선정)	☐ 국어·영어·수학 교과서 읽고 예습, 복습 하기 (학교 수업에 따라 과목 선정)
☐ 학교 숙제 하기	☐ 학교 숙제 하기	☐ 학교 숙제 하기
☐ 학원 수업 복습 및 숙제 하기	☐ 학원 수업 복습 및 숙제 하기	☐ 학원 수업 복습 및 숙제 하기
☐ 30분간 아이와 함께 책 읽기	☐ 30분간 아이와 함께 책 읽기	☐ 30분간 아이와 함께 책 읽기
☐ 주제를 정해 30분간 해피타임 가지기	☐ 주제를 정해 30분간 해피타임 가지기	☐ 주제를 정해 30분간 해피타임 가지기

T	F	S	S

- ☐ 국어·영어·수학 교과서 읽고 예습, 복습 하기
  (학교 수업에 따라 과목 선정)
- ☐ 학교 숙제 하기
- ☐ 학원 수업 복습 및 숙제 하기
- ☐ 30분간 아이와 함께 책 읽기
- ☐ 주제를 정해 30분간 해피타임 가지기

- ☐ 국어·영어·수학 교과서 읽고 예습, 복습 하기
  (학교 수업에 따라 과목 선정)
- ☐ 학교 숙제 하기
- ☐ 학원 수업 복습 및 숙제 하기
- ☐ 30분간 아이와 함께 책 읽기
- ☐ 주제를 정해 30분간 해피타임 가지기

- ☐ 정보검색, 체험활동 하기
- ☐ 운동하기
- ☐ 온 가족이 모여 식사 하기

- ☐ 감정 표현 놀이를 하며 아이와 소통하기
- ☐ 정보검색, 체험활동 하기
- ☐ 일주일간의 공부 내용 정리하기
- ☐ 다음 주 계획 작성하기

12월의 코칭

엄마표 영어, 효과적인 방법은?

'엄마표 영어, 책육아, 흘려 듣기, 집중 듣기, 미국 교과서, AR / SR 프로그램' 등은 영어만큼은 학원을 보내기 보다 내 손으로 가르쳐야지 하고 결심한 학부모들의 주 관심사입니다. 유명 사이트에서 제시하는 순서대로 책을 사서 아이와 함께 공부하면 언젠가는 원서도 읽고 외국인과 대화도 충분히 할 거라고 기대합니다. 물론 좋은 결과를 얻는 사례도 있겠지요. 그런데 영어는 전문가가 아닌 엄마가 배워서 가르치기에 그리 만만한 과목도 아니고, 아이가 배우는 과목이 영어 한 과목이 아니기때문에 영어에만 긴 시간을 투자할 수도 없습니다.

저는 아이 둘 다 영어전형으로 특목고와 국제학부를 보냈지만 한 번도 아이에게 흘려듣기, 집중 듣기를 해 본 적이 없습니다. 대신 어릴 적부터 자연스럽게 영어에 노출시켰습니다. 읽기(Reading), 듣기(Listening), 말하기(Speaking), 쓰기(Writing) 영역을 골고루 발전시키려 노력했는데, 읽기는 쉬운 책 중심으로 가능한 많은 책을 읽도록 했습니다. 책을 읽는 것으로 그치지 않고 독해력(Reading Comprehension) 확인으로 확대했습니다. 아이들이 좋아하는 해리포터 시리즈 책을 읽고 난 후 독해 교재를 풀게 했죠. 그 과정에서 아이가 얼마나 이해했는지를 확인했습니다. 그림 사전으로 유명한 옥스퍼드 그림사전(The Oxford Picture Dictionary)도 워크북이 있습니다. 하루에 한 장씩 일일 공부하듯이 풀어보면 어휘력 향상에 큰 도움이 됩니다.

대형서점 원서 코너에 가면 다양한 교재가 있는데 어린이 코스북(Course Book)과 DK Book을 추천합니다. 코스북은 단어, 문법 등 필요에 따라 선택하고 초등 4학년이면 2~3년 낮춰서 G1이나 G2레벨을 구입하면 됩니다. 미국인을 위한 교재여서 외국인인 우리가 학년에 맞춰 구입하면 너무 어려울 수 있습니다. DK Book은 아이가 좋아하는 주제로 선택하면 되는데 인체에 관심이 많고 의사가 되고 싶은 아이는 'HUMAN BODY'가 좋습니다. 이런 교재를 공부하면 영어실력 향상은 물론이고 다양한 지식을 얻게 됩니다. 'I Can Draw'는 영어와 미술을 접목해 표현하는 능력을 키워줄 수 있는 교재로 창의융합형 인재 양성에 적합합니다.

듣기는 매일 혹은 일주일에 3회 정도 반복하는 것이 좋습니다. 스스로 하기 어려우면 학습지를 이용해도 좋습니다. 또한 일주일에 한 번 정도 디즈니 만화영화를 보거나 미국 청소년 드라마를 시청하는 것도 듣기에 큰 도움이 됩니다. 말하기나 쓰기를 위해 원어민 수업을 하는 경우도 많은데, 대부분 강사의 교육 프로그램에 의존하고 프리 토킹이나 간단한 글쓰기만을 진행합니다. 그것보다는 강사에게 교재를 직접 선정해서 진행해 달라고 부탁해보세요. 위에 제시한 원서를 교재로 써도 훌륭합니다.

초등 저학년 때 영어 단어를 억지로 외우게 하고 한국식 문법을 가르치려 한다면 아이들은 영어를 싫어하게 됩니다. 만일 자녀가 영어유치원이나 영어 학원을 다닌다면 반드시 수업한 내용을 리뷰하고 숙제를 하도록 도와주세요. 그래야 아이들의 실력이 향상됩니다. 고학년이 되면 시험용 영어에도 대비합니다. 중학교 영어 시험은 한국식 문법 문제가 많이 나오니 문법 공부도 해야 하고, 일부 학교에서는 토플식 작문도 나오니 쓰기에도 신경을 써야 합니다. 영어의 네 영역을 골고루 공부하면 토플 점수도 높게 받을 수 있고 수학 등 다른 과목을 공부할 시간도 확보하게 됩니다. 엄마표 영어는 궁극적으로 고급영어 구사를 목표로 해야합니다.

이 달의 활동 포인트

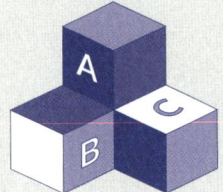  

하나.
영어에 최대한 노출시키기

- 아이에게 영어를 알려준다는 생각을 하지 않는다.
- 아이와 함께 최대한 쉬운 영어책을 자주 읽는다.

둘.
영어 학습도 아이가 관심을 가지는 분야로 공부하기

- 아이의 관심 분야를 알아둔다.
- 관심 분야에 관한 내용이 담긴 영어책을 구매한다.
- 아이와 함께 읽으며 해당 분야에 대해 이야기한다.

셋.
영어를 재미있게 느끼도록 하기

- 디즈니 만화영화, 미국 청소년 드라마 등 아이가 흥미를 느낄 수 있는 영상을 찾아 일주일에 3번 이상 아이와 함께 본다.
- 영어 공부가 즐거운 활동이라는 생각을 갖도록 돕는다.

12월 엄마의 체크리스트

초등 1-6학년

- ☐ 쉬운 책부터 어려운 책까지 다양하게 영어 읽기책 준비하기
- ☐ 책을 읽은 후 독해 교재 풀어보기
- ☐ 아이와 함께 서점에 가서 영어 교재 구매하기
- ☐ 아이가 관심 있어 하는 분야와 관련된 내용의 영어책 읽기
- ☐ 영어유치원, 영어 학원에서 배운 수업 내용은 반드시 집에서 복습하기
- ☐ 하루 한 장씩 영어 그림사전을 보며 워크북 풀기

12월 December.

M	T	W

T	F	S	S

12월 학습 체크리스트

	M	T	W
a.m 08			
09			
10			
11			
p.m 12			
01			
02			
03			
04			
05			
06			
07			
08			
09			
10			

M	T	W
☐ 국어·영어·수학 교과서 읽고 예습, 복습 하기 (학교 수업에 따라 과목 선정)	☐ 국어·영어·수학 교과서 읽고 예습, 복습 하기 (학교 수업에 따라 과목 선정)	☐ 국어·영어·수학 교과서 읽고 예습, 복습 하기 (학교 수업에 따라 과목 선정)
☐ 학교 숙제 하기	☐ 학교 숙제 하기	☐ 학교 숙제 하기
☐ 학원 수업 복습 및 숙제 하기	☐ 학원 수업 복습 및 숙제 하기	☐ 학원 수업 복습 및 숙제 하기
☐ 30분간 아이와 함께 책 읽기	☐ 30분간 아이와 함께 책 읽기	☐ 30분간 아이와 함께 책 읽기
☐ 주제를 정해 30분간 해피타임 가지기	☐ 주제를 정해 30분간 해피타임 가지기	☐ 주제를 정해 30분간 해피타임 가지기

T	F	S	S
☐ 국어·영어·수학 교과서 읽고 예습, 복습 하기 (학교 수업에 따라 과목 선정) ☐ 학교 숙제 하기 ☐ 학원 수업 복습 및 숙제 하기 ☐ 30분간 아이와 함께 책 읽기 ☐ 주제를 정해 30분간 해피타임 가지기	☐ 국어·영어·수학 교과서 읽고 예습, 복습 하기 (학교 수업에 따라 과목 선정) ☐ 학교 숙제 하기 ☐ 학원 수업 복습 및 숙제 하기 ☐ 30분간 아이와 함께 책 읽기 ☐ 주제를 정해 30분간 해피타임 가지기	☐ 정보검색, 체험활동 하기 ☐ 운동하기 ☐ 온 가족이 모여 식사 하기	☐ 감정 표현 놀이를 하며 아이와 소통하기 ☐ 정보검색, 체험활동 하기 ☐ 일주일간의 공부 내용 정리하기 ☐ 다음 주 계획 작성하기

12월 학습 체크리스트

	M	T	W
a.m 08			
09			
10			
11			
p.m 12			
01			
02			
03			
04			
05			
06			
07			
08			
09			
10			

M	T	W
☐ 국어·영어·수학 교과서 읽고 예습, 복습 하기 (학교 수업에 따라 과목 선정)	☐ 국어·영어·수학 교과서 읽고 예습, 복습 하기 (학교 수업에 따라 과목 선정)	☐ 국어·영어·수학 교과서 읽고 예습, 복습 하기 (학교 수업에 따라 과목 선정)
☐ 학교 숙제 하기	☐ 학교 숙제 하기	☐ 학교 숙제 하기
☐ 학원 수업 복습 및 숙제 하기	☐ 학원 수업 복습 및 숙제 하기	☐ 학원 수업 복습 및 숙제 하기
☐ 30분간 아이와 함께 책 읽기	☐ 30분간 아이와 함께 책 읽기	☐ 30분간 아이와 함께 책 읽기
☐ 주제를 정해 30분간 해피타임 가지기	☐ 주제를 정해 30분간 해피타임 가지기	☐ 주제를 정해 30분간 해피타임 가지기

T	F	S	S

- ☐ 국어·영어·수학 교과서 읽고 예습, 복습 하기
  (학교 수업에 따라 과목 선정)
- ☐ 학교 숙제 하기
- ☐ 학원 수업 복습 및 숙제 하기
- ☐ 30분간 아이와 함께 책 읽기
- ☐ 주제를 정해 30분간 해피타임 가지기

- ☐ 국어·영어·수학 교과서 읽고 예습, 복습 하기
  (학교 수업에 따라 과목 선정)
- ☐ 학교 숙제 하기
- ☐ 학원 수업 복습 및 숙제 하기
- ☐ 30분간 아이와 함께 책 읽기
- ☐ 주제를 정해 30분간 해피타임 가지기

- ☐ 정보검색, 체험활동 하기
- ☐ 운동하기
- ☐ 온 가족이 모여 식사 하기

- ☐ 감정 표현 놀이를 하며 아이와 소통하기
- ☐ 정보검색, 체험활동 하기
- ☐ 일주일간의 공부 내용 정리하기
- ☐ 다음 주 계획 작성하기

12월 학습 체크리스트

	M	T	W
a.m 08			
09			
10			
11			
p.m 12			
01			
02			
03			
04			
05			
06			
07			
08			
09			
10			

M	T	W
☐ 국어·영어·수학 교과서 읽고 예습, 복습 하기 (학교 수업에 따라 과목 선정)	☐ 국어·영어·수학 교과서 읽고 예습, 복습 하기 (학교 수업에 따라 과목 선정)	☐ 국어·영어·수학 교과서 읽고 예습, 복습 하기 (학교 수업에 따라 과목 선정)
☐ 학교 숙제 하기	☐ 학교 숙제 하기	☐ 학교 숙제 하기
☐ 학원 수업 복습 및 숙제 하기	☐ 학원 수업 복습 및 숙제 하기	☐ 학원 수업 복습 및 숙제 하기
☐ 30분간 아이와 함께 책 읽기	☐ 30분간 아이와 함께 책 읽기	☐ 30분간 아이와 함께 책 읽기
☐ 주제를 정해 30분간 해피타임 가지기	☐ 주제를 정해 30분간 해피타임 가지기	☐ 주제를 정해 30분간 해피타임 가지기

T	F	S	S
☐ 국어·영어·수학 교과서 읽고 예습, 복습 하기 (학교 수업에 따라 과목 선정)	☐ 국어·영어·수학 교과서 읽고 예습, 복습 하기 (학교 수업에 따라 과목 선정)	☐ 정보검색, 체험활동 하기 ☐ 운동하기 ☐ 온 가족이 모여 식사 하기	☐ 감정 표현 놀이를 하며 아이와 소통하기
☐ 학교 숙제 하기	☐ 학교 숙제 하기		☐ 정보검색, 체험활동 하기
☐ 학원 수업 복습 및 숙제 하기	☐ 학원 수업 복습 및 숙제 하기		☐ 일주일간의 공부 내용 정리하기
☐ 30분간 아이와 함께 책 읽기	☐ 30분간 아이와 함께 책 읽기		☐ 다음 주 계획 작성하기
☐ 주제를 정해 30분간 해피타임 가지기	☐ 주제를 정해 30분간 해피타임 가지기		

12월 학습 체크리스트

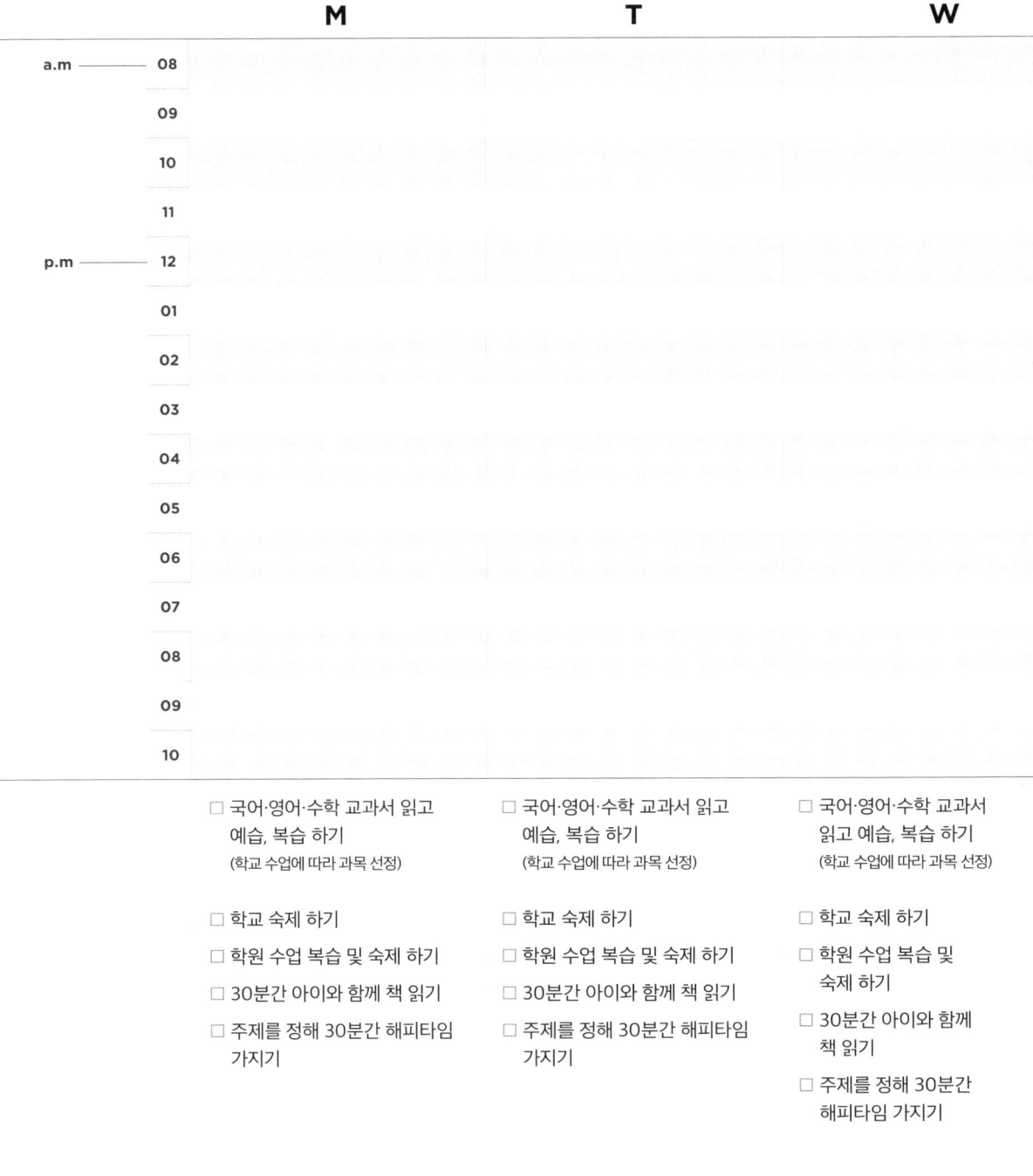

	M	T	W
a.m 08			
09			
10			
11			
p.m 12			
01			
02			
03			
04			
05			
06			
07			
08			
09			
10			

- ☐ 국어·영어·수학 교과서 읽고 예습, 복습 하기
  (학교 수업에 따라 과목 선정)
- ☐ 학교 숙제 하기
- ☐ 학원 수업 복습 및 숙제 하기
- ☐ 30분간 아이와 함께 책 읽기
- ☐ 주제를 정해 30분간 해피타임 가지기

- ☐ 국어·영어·수학 교과서 읽고 예습, 복습 하기
  (학교 수업에 따라 과목 선정)
- ☐ 학교 숙제 하기
- ☐ 학원 수업 복습 및 숙제 하기
- ☐ 30분간 아이와 함께 책 읽기
- ☐ 주제를 정해 30분간 해피타임 가지기

- ☐ 국어·영어·수학 교과서 읽고 예습, 복습 하기
  (학교 수업에 따라 과목 선정)
- ☐ 학교 숙제 하기
- ☐ 학원 수업 복습 및 숙제 하기
- ☐ 30분간 아이와 함께 책 읽기
- ☐ 주제를 정해 30분간 해피타임 가지기

T	F	S	S

- ☐ 국어·영어·수학 교과서 읽고 예습, 복습 하기
  (학교 수업에 따라 과목 선정)
- ☐ 학교 숙제 하기
- ☐ 학원 수업 복습 및 숙제 하기
- ☐ 30분간 아이와 함께 책 읽기
- ☐ 주제를 정해 30분간 해피타임 가지기

- ☐ 국어·영어·수학 교과서 읽고 예습, 복습 하기
  (학교 수업에 따라 과목 선정)
- ☐ 학교 숙제 하기
- ☐ 학원 수업 복습 및 숙제 하기
- ☐ 30분간 아이와 함께 책 읽기
- ☐ 주제를 정해 30분간 해피타임 가지기

- ☐ 정보검색, 체험활동 하기
- ☐ 운동하기
- ☐ 온 가족이 모여 식사 하기

- ☐ 감정 표현 놀이를 하며 아이와 소통하기
- ☐ 정보검색, 체험활동 하기
- ☐ 일주일간의 공부 내용 정리하기
- ☐ 다음 주 계획 작성하기

1월의 코칭
행복한 아이가 공부를 잘한다?!

행복한 아이가 공부를 잘한다는 말은 식상한 표현이지만 사실입니다. 사각형 테이블에 앉아 많은 상담을 진행하지만, 엄마와 아이가 얼굴을 마주 보고 웃으며 답을 찾는 경우라면 상담은 수월해집니다. 아이와 엄마의 관계도 좋고, 아이의 인성도 문제없으니 공부 방법만 알려주면 되거든요. 이 경우와 반대로 질문을 던졌을 때 엄마는 볼멘소리로 '아이가 생각이 없어요'라고 비난하고, 옆에 있던 아이는 눈을 흘기고 입을 쑥 내밀면 상담 과정은 완전히 달라집니다. 인성에 대한 이야기부터 시작해야 하거든요. 공부 얘기는 시작도 못합니다. 부모 자식 관계부터 정비하지 않으면 아무리 뛰어난 공부법을 알려줘도 소용없기 때문입니다.

우리 아이들은 자신의 감정을 표현하는데 서툽니다. 어릴 적부터 감정을 표현하는 방법은 배우지 못했고 가정 내에서 용납되지 않는 경우가 많았습니다. "그래? 뭐가 어떻다는 거야?" "잘 했어? 잘못했어?"라고 윽박지르는 통에 자신의 감정과 상황은 설명도 못하고 그저 고개만 숙이고 있어야 했습니다. 마음속에 가득 찼던 감정을 표현 못하니 가슴은 답답해지고 화만 쌓이게 되는 것이지요. 한국에만 있는 '화병'도 이런 문화에서 발생되었다고 생각합니다. 내 마음도 표현 못하는데 상대의 감정은 더더욱 알기 어렵죠. 이렇게 되면 어떤 공부를 해도 한계점 이상으로 성장하지 못합니다. **자신의 감정을 올바른 방법으로 표현하는 것과 그렇지 못한 것의 차이가 공부에도 영향을 주는 것이죠. 그래서 초등학교 시절에는 감정 표현을 확실하게 할 수 있도록 만들어 주어야 합니다.** 아이 스스로 감정의 의미를 인지하고, 표현하고, 해소할 수 있게 만들어 주는 것이 중요하죠.

그 방법 중 하나가 감정 표현 놀이입니다. 먼저 감정 카드를 만듭니다. '창피하다. 원망스럽다. 억울하다. 우울하다. 통쾌하다. 미안하다. 얄밉다' 등 감정을 나타내는 단어를 두꺼운 종이에 적거나 인쇄해서 붙입니다. 카드 한 장을 집어 아이에게 단어의 뜻을 물어본 다음 정확한 뜻을 모르면 사전을 찾아 단어의 의미를 함께 읽어봅니다. 그 단어를 넣어 짧은 글짓기를 하거나 사용했던 경험을 이야기해봅니다. 이런 과정들을 거치면서 아이가 자기감정을 이야기하게 되면 조금씩 마음의 문도 열립니다. 마음속에 내재되어있던 화가 없어지고 마음이 편해지죠. 또한 정확한 표현활동을 통해 소통 능력이 발전하고 이는 대인관계에서 자신감 있는 태도로 이어집니다.

[감정을 나타내는 단어]

불안하다	싫다	걱정된다	창피하다	밉다	당혹스럽다	좌절감을 느끼나	질투난다	흥분된다	고독하다	무기력하다
외롭다	무섭다	당황스럽다	지루하다	미안하다	불쾌하다	위선적이다	경멸스럽다	성급하다	불안정하다	쓸쓸하다
고통스럽다	억울하다	서럽다	우울하다	신경질난다	정답다	거부당한 느낌이다	쌀쌀맞다	서운하다	수줍다	자포자기하다
죽고 싶다	좋다	섭섭하다	기대된다	어이없다	무가치하다	온화하다	격분하다	고무적이다	포근하다	자랑스럽다
즐겁다	두렵다	슬프다	놀랍다	사랑스럽다	자신 있다	환상적이다	황홀하다	홀가분하다	흐뭇하다	후련하다
기쁘다	행복하다	부럽다	후련하다	희망차다	자유롭다	(불)만족스럽다	눈물겹다	날아갈 듯하다	가혹하다	꼴사납다
통쾌하다	다행이다	감격스럽다	안정되다	평화롭다	골치 아프다	괘씸하다	섬뜩하다	구역질난다	기가 막힌다	배신감을 느끼다
든든하다	미안하다	얄밉다	불편하다	뭉클하다	속상하다	분개하다	복받치다	숨 막힌다	분통터지다	쓰라리다
곤란하다	신난다	부담스럽다	상쾌하다	답답하다	씁쓸하다	약이 오르다	감미롭다	고요하다	담담하다	애틋하다
어리둥절하다	실망스럽다	긴장된다	겁난다	복수심을 느끼다	묘하다	흡족하다	화끈거리다	호감이 간다		
모욕감을 느끼다	혼란스럽다	의기소침하다	잔혹하다	절망적이다						

출처: 딸에게 필요한 일곱명의 심리학 친구 (이정현)

이 달의 활동 포인트

하나.
감정 표현 카드를 만들어 감정 놀이 즐기기

-준비물 : 필기구, 스케치북, 사전

-만드는 방법

1) 스케치북을 카드 크기로 자른다.
2) 아이와 대화하며 생각나는 감정단어를 카드에 쓴다.

-놀이 방법

1) 감정 카드 한 장을 집어 단어의 뜻을 말해본다.
2) 사전에서 단어를 찾아 정확한 뜻을 읽어본다.
3) 단어를 넣어 짧은 글짓기를 해본다.
4) 단어의 감정을 느꼈던 일을 이야기 해보거나 그림으로 그려본다.
5) 아이가 좋아하는 엄마의 말, 싫어하는 엄마의 말 리스트도 만들어 본다.

둘.
아이 행복 지수 확인하기
(질문에 아이와 함께 답해보세요!)

☐ 집은 편안하고 안전하다.
☐ 푹 자고 잘 먹는다.
☐ 주변 정리를 잘 한다.
☐ 새로운 것을 배우는 게 즐겁다.
☐ 약속을 잘 지킨다.
☐ 실수해도 부모님은 믿고 기다려준다.
☐ 결과보다 과정을 칭찬해준다.
☐ 말을 잘 들어준다.
☐ 좋아하는 과목이 있으며 부모님이 알고 있다.
☐ 음악과 미술, 체육활동을 좋아한다.
☐ 좋아하는 친구가 많다.

셋.
아이의 행복지수 높이는 말 알아두기

• 내 아들/딸로 태어나서 고마워.
• 엄마는 네가 자랑스러워.
• 다른 사람들이 엄마가 다 부럽대.
• 네가 도와주니 엄마가 한결 편하다.
• 우리 아들/딸이 만들어주니 정말 맛있네.
• 힘들어? 힘들어 보인다.
• 열심히 한 것 아는데 엄마가 더 속상하네.
• 네가 인정받을 수 있는 기회가 올 거야.
• 인생 길다. 지금은 힘들어도 결국은 네가 이길 거야.
• 엄마는 네가 행복했으면 좋겠어.

1월 엄마의 체크리스트

초등 1-3학년	초등 4-6학년
☐ 감정 표현 카드 만들기	☐ 아이의 행복지수를 높이는 말 해주기
☐ 일주일에 1회 감정 표현 놀이 함께 하기	☐ 아이와 함께 행복도 체크하기
☐ 아이의 행복도 체크하기	☐ 아이와 감정 표현 카드 한 장을 두고 15분간 대화하기
☐ 아이에게 사랑한다는 말 하루에 3번씩 하기	☐ 아이가 좋아하는 말과 싫어하는 말 목록 만들기
☐ 아이가 하는 말을 1분 이상 끊지 말고 들어주기	☐ 하루 30분 아이만의 시간 주기
☐ 매일 30분씩 아이의 해피타임을 만들어 주기	

1월 January.

M	T	W

T	F	S	S

1월 학습 체크리스트

	M	T	W
a.m 08			
09			
10			
11			
p.m 12			
01			
02			
03			
04			
05			
06			
07			
08			
09			
10			
	☐ 국어·영어·수학 교과서 읽고 예습, 복습 하기 (학교 수업에 따라 과목 선정) ☐ 학교 숙제 하기 ☐ 학원 수업 복습 및 숙제 하기 ☐ 30분간 아이와 함께 책 읽기 ☐ 주제를 정해 30분간 해피타임 가지기	☐ 국어·영어·수학 교과서 읽고 예습, 복습 하기 (학교 수업에 따라 과목 선정) ☐ 학교 숙제 하기 ☐ 학원 수업 복습 및 숙제 하기 ☐ 30분간 아이와 함께 책 읽기 ☐ 주제를 정해 30분간 해피타임 가지기	☐ 국어·영어·수학 교과서 읽고 예습, 복습 하기 (학교 수업에 따라 과목 선정) ☐ 학교 숙제 하기 ☐ 학원 수업 복습 및 숙제 하기 ☐ 30분간 아이와 함께 책 읽기 ☐ 주제를 정해 30분간 해피타임 가지기

T	F	S	S

- ☐ 국어·영어·수학 교과서 읽고 예습, 복습 하기
  (학교 수업에 따라 과목 선정)
- ☐ 학교 숙제 하기
- ☐ 학원 수업 복습 및 숙제 하기
- ☐ 30분간 아이와 함께 책 읽기
- ☐ 주제를 정해 30분간 해피타임 가지기

- ☐ 국어·영어·수학 교과서 읽고 예습, 복습 하기
  (학교 수업에 따라 과목 선정)
- ☐ 학교 숙제 하기
- ☐ 학원 수업 복습 및 숙제 하기
- ☐ 30분간 아이와 함께 책 읽기
- ☐ 주제를 정해 30분간 해피타임 가지기

- ☐ 정보검색, 체험활동 하기
- ☐ 운동하기
- ☐ 온 가족이 모여 식사 하기

- ☐ 감정 표현 놀이를 하며 아이와 소통하기
- ☐ 정보검색, 체험활동 하기
- ☐ 일주일간의 공부 내용 정리하기
- ☐ 다음 주 계획 작성하기

1월 학습 체크리스트

T	F	S	S
☐ 국어·영어·수학 교과서 읽고 예습, 복습 하기 (학교 수업에 따라 과목 선정)	☐ 국어·영어·수학 교과서 읽고 예습, 복습 하기 (학교 수업에 따라 과목 선정)	☐ 정보검색, 체험활동 하기 ☐ 운동하기 ☐ 온 가족이 모여 식사 하기	☐ 감정 표현 놀이를 하며 아이와 소통하기
☐ 학교 숙제 하기	☐ 학교 숙제 하기		☐ 정보검색, 체험활동 히기
☐ 학원 수업 복습 및 숙제 하기	☐ 학원 수업 복습 및 숙제 하기		☐ 일주일간의 공부 내용 정리하기
☐ 30분간 아이와 함께 책 읽기	☐ 30분간 아이와 함께 책 읽기		☐ 다음 주 계획 작성하기
☐ 주제를 정해 30분간 해피타임 가지기	☐ 주제를 정해 30분간 해피타임 가지기		

1월 학습 체크리스트

	M	T	W
	☐ 국어·영어·수학 교과서 읽고 예습, 복습 하기 (학교 수업에 따라 과목 선정)	☐ 국어·영어·수학 교과서 읽고 예습, 복습 하기 (학교 수업에 따라 과목 선정)	☐ 국어·영어·수학 교과서 읽고 예습, 복습 하기 (학교 수업에 따라 과목 선정)
	☐ 학교 숙제 하기	☐ 학교 숙제 하기	☐ 학교 숙제 하기
	☐ 학원 수업 복습 및 숙제 하기	☐ 학원 수업 복습 및 숙제 하기	☐ 학원 수업 복습 및 숙제 하기
	☐ 30분간 아이와 함께 책 읽기	☐ 30분간 아이와 함께 책 읽기	☐ 30분간 아이와 함께 책 읽기
	☐ 주제를 정해 30분간 해피타임 가지기	☐ 주제를 정해 30분간 해피타임 가지기	☐ 주제를 정해 30분간 해피타임 가지기

		T		F		S		S

- ☐ 국어·영어·수학 교과서 읽고 예습, 복습 하기
  (학교 수업에 따라 과목 선정)
- ☐ 학교 숙제 하기
- ☐ 학원 수업 복습 및 숙제 하기
- ☐ 30분간 아이와 함께 책 읽기
- ☐ 주제를 정해 30분간 해피타임 가지기

- ☐ 국어·영어·수학 교과서 읽고 예습, 복습 하기
  (학교 수업에 따라 과목 선정)
- ☐ 학교 숙제 히기
- ☐ 학원 수업 복습 및 숙제 하기
- ☐ 30분간 아이와 함께 책 읽기
- ☐ 주제를 정해 30분간 해피타임 가지기

- ☐ 정보검색, 체험활동 하기
- ☐ 운동하기
- ☐ 온 가족이 모여 식사 하기

- ☐ 감정 표현 놀이를 하며 아이와 소통하기
- ☐ 정보검색, 체험활동 하기
- ☐ 일주일간의 공부 내용 정리하기
- ☐ 다음 주 계획 작성하기

1월 학습 체크리스트

	M	T	W
a.m 08			
09			
10			
11			
p.m 12			
01			
02			
03			
04			
05			
06			
07			
08			
09			
10			

M	T	W
☐ 국어·영어·수학 교과서 읽고 예습, 복습 하기 (학교 수업에 따라 과목 선정)	☐ 국어·영어·수학 교과서 읽고 예습, 복습 하기 (학교 수업에 따라 과목 선정)	☐ 국어·영어·수학 교과서 읽고 예습, 복습 하기 (학교 수업에 따라 과목 선정)
☐ 학교 숙제 하기	☐ 학교 숙제 하기	☐ 학교 숙제 하기
☐ 학원 수업 복습 및 숙제 하기	☐ 학원 수업 복습 및 숙제 하기	☐ 학원 수업 복습 및 숙제 하기
☐ 30분간 아이와 함께 책 읽기	☐ 30분간 아이와 함께 책 읽기	☐ 30분간 아이와 함께 책 읽기
☐ 주제를 정해 30분간 해피타임 가지기	☐ 주제를 정해 30분간 해피타임 가지기	☐ 주제를 정해 30분간 해피타임 가지기

T	F	S	S

- ☐ 국어·영어·수학 교과서 읽고 예습, 복습 하기
  (학교 수업에 따라 과목 선정)
- ☐ 학교 숙제 하기
- ☐ 학원 수업 복습 및 숙제 하기
- ☐ 30분간 아이와 함께 책 읽기
- ☐ 주제를 정해 30분간 해피타임 가지기

- ☐ 국어·영어·수학 교과서 읽고 예습, 복습 하기
  (학교 수업에 따라 과목 선정)
- ☐ 학교 숙제 하기
- ☐ 학원 수업 복습 및 숙제 하기
- ☐ 30분간 아이와 함께 책 읽기
- ☐ 주제를 정해 30분간 해피타임 가지기

- ☐ 정보검색, 체험활동 하기
- ☐ 운동하기
- ☐ 온 가족이 모여 식사 하기

- ☐ 감정 표현 놀이를 하며 아이와 소통하기
- ☐ 정보검색, 체험활동 하기
- ☐ 일주일간의 공부 내용 정리하기
- ☐ 다음 주 계획 작성하기

2월의 코칭
엄마의 10년 후도 준비해 볼까요?

여성가족부가 25~54세 대한민국 미혼, 기혼여성 4,835명을 대상으로 '2016년 경력단절여성 등의 경제활동 실태조사'를 실시했습니다. 그 결과를 살펴보면 경력단절 사유의 40.4%가 결혼, 38.3%가 임신과 출산, 12.9%가 가족 구성원의 돌봄, 6.9%가 미취학 자녀양육, 1.5%가 취학자녀 교육이었습니다. 경력단절을 경험한 기혼 여성의 비율은 48.6%로 2명 중 1명 꼴이었고, 재취업까지 소요되는 시간은 평균 8.4년이었습니다. 경력단절여성이 재취업 시 겪는 가장 큰 애로사항은 '자녀 양육과 보육의 어려움'인데 믿고 맡길 수 있는 보육시설의 확충과 장시간 근로문화를 개선해 달라는 요청이 많았습니다.

조사에서 확인했듯 경력단절여성의 재취업 기간은 평균 8.4년입니다. 거의 10년이죠. 그래서 샤론코치는 **'10년 후 전문가 되기' 강의를 통해 에듀맘으로 살아가는 10년 동안 엄마도 그 다음을 체계적으로 준비하도록 돕고 있습니다. 한 분야의 전문가가 되자고 강조하죠.** 먼저 어떤 일을 할 지 고민해야 합니다. 가슴이 떨리는 일, 싫증나지 않는 일, 돈이 되는 일, 노력하면 일인자가 되는 일을 찾는다면 반은 성공한 셈입니다. 구체적인 일이 정해지면 그 다음 차례는 공부입니다. 특히 SNS 마케팅을 꼭 공부했으면 합니다. 아무리 좋은 능력, 좋은 물건을 가지고 있어도 마케팅 능력이 없으면 무용지물이 됩니다. SNS 만큼 비용이 적게 드는 홍보수단은 없습니다. 그렇기에 SNS 마케팅은 꼭 익혀 두기를 바랍니다. 이렇게 이론으로 무장하고 실전을 더하면 충분히 발전할 수 있습니다. 비록 시작할 때부터 돈을 많이 벌 수 있거나 즐거움이 가득하지는 않겠지만, 점차 성공해 나갈 수 있습니다.

창업을 꿈꾼다면 창업자금을 만들어야 합니다. 에듀맘은 사실 여유자금이 없습니다. 생활비 중 많은 금액이 자녀 교육비로 나가기 때문이죠. 그래도 한 달에 최소한의 금액이라도 적금 형태로 모아야 합니다. 본인의 월급이라 생각하고 창업 자금 통장으로 이체하세요. 이 돈은 비상금이 아닙니다. 시댁에도 친정에도 줄 수 없는 돈입니다. 어떤 상황과 사정이 생겨도 마지막까지 절대 쓰면 안 되는 돈입니다. 당장은 적어 보이는 금액이겠지만, 조금씩 모으다 보면 자본금이 될 것입니다. 그렇다고 돈을 쓰지 말고 저축만 하라는 이야기는 아닙니다. 공부를 위한 돈은 과감히 지출하고 건강과 체력, 미적 관리를 위해서도 투자하기 바랍니다.

사회생활을 하다 보면 '인맥'이 중요하다는 사실을 깨닫게 됩니다. 주변사람들은 모두 다 나의 인맥이 될 수 있습니다. 계절이 바뀌면 정이 담긴 문자로 인사를 하고, 명절에 작은 선물을 하는 것도 좋습니다. 사람 사이는 Give & Take가 정설입니다. 우연하게 만난 주변 사람들을 소중한 인연이라 생각하고 관리하기 바랍니다.

재취업을 하거나 창업을 하면 어려운 일이 많이 생길 것입니다. '이깟 돈을 벌자고 이 고생을 하나? 그냥 안 벌고 안 쓰지'라고 생각해 포기해 버리면 또다시 경력단절을 겪게 됩니다. 과정이 없는 결과는 존재하지 않습니다. 가족에게 감사하고 힘들게 번 돈을 멋지게 쓸 날이 꼭 올 것입니다.

이 달의 활동 포인트

 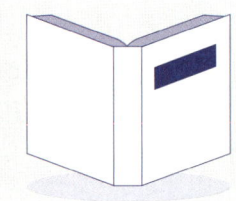  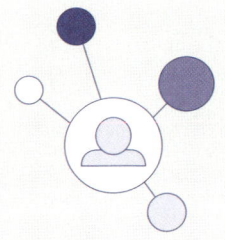

하나.
경력을 만들어라

- 하고 싶은 일의 범위를 정한다.
- 가슴 떨리는 일, 싫증 나지 않는 일, 돈이 되는 일, 노력하면 일인자가 되는 일 등 스스로가 가장 중요하게 생각하는 일의 가치를 찾는다.
- 직업과 관련된 자료 조사를 통해 구체적으로 하고자 하는 일을 정한다.

둘.
실력을 키워라

- 독서, 전문 분야의 학원 수업 등을 통해 하고자 하는 일의 기초가 되는 이론을 공부한다.
- 이것저것 배우기 보다 구체적으로 정한 일과 관련된 공부를 한다. (한 우물 파기)
- 당장 돈을 버는 것보다 실전 경험을 우선한다.
- 글쓰기, 사진 촬영, 컴퓨터 활용 능력 등을 기르고, SNS 마케팅 능력을 키운다.

셋.
자본금을 만들어라

- 매달 소액이라도 적금 형태로 꾸준히 모은다.
- 적은 돈도 모이고 쌓이면 큰 돈이 된다.
- 없는 돈이라 생각하고 창업 목표 자금을 관리한다.

넷.
인맥 관리를 해라

- 주변에 있는 사람들의 장·단점을 파악하고, 그들과의 관계를 만든디.
- 모든 관계는 Give & Take 라는 점을 기억한다. 먼저 안부인사를 전하고 식사 등을 제안해 함께한다.
- 같은 관심사를 가진 사람들과의 모임, 활동을 시작한다.

2월 엄마의 체크리스트

엄마의 TO DO

- ☐ 하고 싶은 일 구체적으로 찾기
- ☐ 창업 자본금을 만들 수 있는 적금 시작하기
- ☐ 아이의 공부시간에 엄마도 공부하기
- ☐ SNS를 만들어 운영하기
- ☐ 주변 사람들에게 감사 쪽지 쓰기
- ☐ 엄마를 위한 활동 모임 가입하기
- ☐ 10년 후 어떤 일을 할 것인지 꾸준히 스스로에게 확인하기
- ☐ 남을 탓하기보다 감사하는 마음 갖기

아이의 TO DO

- ☐ 엄마와 함께 1년 학습 플랜 짜기
- ☐ 1년간의 주요 행사 알아 보기
- ☐ 1년 동안 하고 싶은 일에 대해 대화하기
- ☐ 새로운 학교생활을 어떻게 보낼지 써보기
- ☐ 스스로 1년 목표 한가지 세우기

2월 February.

M	T	W

T	F	S	S

2월 학습 체크리스트

	M	T	W
a.m 08			
09			
10			
11			
p.m 12			
01			
02			
03			
04			
05			
06			
07			
08			
09			
10			

M	T	W
☐ 국어·영어·수학 교과서 읽고 예습, 복습 하기 (학교 수업에 따라 과목 선정)	☐ 국어·영어·수학 교과서 읽고 예습, 복습 하기 (학교 수업에 따라 과목 선정)	☐ 국어·영어·수학 교과서 읽고 예습, 복습 하기 (학교 수업에 따라 과목 선정)
☐ 학교 숙제 하기	☐ 학교 숙제 하기	☐ 학교 숙제 하기
☐ 학원 수업 복습 및 숙제 하기	☐ 학원 수업 복습 및 숙제 하기	☐ 학원 수업 복습 및 숙제 하기
☐ 30분간 아이와 함께 책 읽기	☐ 30분간 아이와 함께 책 읽기	☐ 30분간 아이와 함께 책 읽기
☐ 주제를 정해 30분간 해피타임 가지기	☐ 주제를 정해 30분간 해피타임 가지기	☐ 주제를 정해 30분간 해피타임 가지기

T	F	S	S

- ☐ 국어·영어·수학 교과서 읽고 예습, 복습 하기
  (학교 수업에 따라 과목 선정)

- ☐ 학교 숙제 하기
- ☐ 학원 수업 복습 및 숙제 하기
- ☐ 30분간 아이와 함께 책 읽기
- ☐ 주제를 정해 30분간 해피타임 가지기

- ☐ 국어·영어·수학 교과서 읽고 예습, 복습 하기
  (학교 수업에 따라 과목 선정)

- ☐ 학교 숙제 하기
- ☐ 학원 수업 복습 및 숙제 하기
- ☐ 30분간 아이와 함께 책 읽기
- ☐ 주제를 정해 30분간 해피타임 가지기

- ☐ 정보검색, 체험활동 하기
- ☐ 운동하기
- ☐ 온 가족이 모여 식사 하기

- ☐ 감정 표현 놀이를 하며 아이와 소통하기
- ☐ 정보검색, 체험활동 하기
- ☐ 일주일간의 공부 내용 정리하기
- ☐ 다음 주 계획 작성하기

2월 학습 체크리스트

	M	T	W
a.m — 08			
09			
10			
11			
p.m — 12			
01			
02			
03			
04			
05			
06			
07			
08			
09			
10			
	☐ 국어·영어·수학 교과서 읽고 예습, 복습 하기 (학교 수업에 따라 과목 선정)	☐ 국어·영어·수학 교과서 읽고 예습, 복습 하기 (학교 수업에 따라 과목 선정)	☐ 국어·영어·수학 교과서 읽고 예습, 복습 하기 (학교 수업에 따라 과목 선정)
	☐ 학교 숙제 하기	☐ 학교 숙제 하기	☐ 학교 숙제 하기
	☐ 학원 수업 복습 및 숙제 하기	☐ 학원 수업 복습 및 숙제 하기	☐ 학원 수업 복습 및 숙제 하기
	☐ 30분간 아이와 함께 책 읽기	☐ 30분간 아이와 함께 책 읽기	☐ 30분간 아이와 함께 책 읽기
	☐ 주제를 정해 30분간 해피타임 가지기	☐ 주제를 정해 30분간 해피타임 가지기	☐ 주제를 정해 30분간 해피타임 가지기

T	F	S	S

- ☐ 국어·영어·수학 교과서 읽고 예습, 복습 하기
  (학교 수업에 따라 과목 선정)
- ☐ 학교 숙제 하기
- ☐ 학원 수업 복습 및 숙제 하기
- ☐ 30분간 아이와 함께 책 읽기
- ☐ 주제를 정해 30분간 해피타임 가지기

- ☐ 국어·영어·수학 교과서 읽고 예습, 복습 하기
  (학교 수업에 따라 과목 선정)
- ☐ 학교 숙제 하기
- ☐ 학원 수업 복습 및 숙제 하기
- ☐ 30분간 아이와 함께 책 읽기
- ☐ 주제를 정해 30분간 해피타임 가지기

- ☐ 정보검색, 체험활동 하기
- ☐ 운동하기
- ☐ 온 가족이 모여 식사 하기

- ☐ 감정 표현 놀이를 하며 아이와 소통하기
- ☐ 정보검색, 체험활동 하기
- ☐ 일주일간의 공부 내용 정리하기
- ☐ 다음 주 계획 작성하기

2월 학습 체크리스트

	M	T	W
a.m 08			
09			
10			
11			
p.m 12			
01			
02			
03			
04			
05			
06			
07			
08			
09			
10			

M
- ☐ 국어·영어·수학 교과서 읽고 예습, 복습 하기 (학교 수업에 따라 과목 선정)
- ☐ 학교 숙제 하기
- ☐ 학원 수업 복습 및 숙제 하기
- ☐ 30분간 아이와 함께 책 읽기
- ☐ 주제를 정해 30분간 해피타임 가지기

T
- ☐ 국어·영어·수학 교과서 읽고 예습, 복습 하기 (학교 수업에 따라 과목 선정)
- ☐ 학교 숙제 하기
- ☐ 학원 수업 복습 및 숙제 하기
- ☐ 30분간 아이와 함께 책 읽기
- ☐ 주제를 정해 30분간 해피타임 가지기

W
- ☐ 국어·영어·수학 교과서 읽고 예습, 복습 하기 (학교 수업에 따라 과목 선정)
- ☐ 학교 숙제 하기
- ☐ 학원 수업 복습 및 숙제 하기
- ☐ 30분간 아이와 함께 책 읽기
- ☐ 주제를 정해 30분간 해피타임 가지기

T	F	S	S
☐ 국어·영어·수학 교과서 읽고 예습, 복습 하기 (학교 수업에 따라 과목 선정) ☐ 학교 숙제 하기 ☐ 학원 수업 복습 및 숙제 하기 ☐ 30분간 아이와 함께 책 읽기 ☐ 주제를 정해 30분간 해피타임 가지기	☐ 국어·영어·수학 교과서 읽고 예습, 복습 하기 (학교 수업에 따라 과목 선정) ☐ 학교 숙제 하기 ☐ 학원 수업 복습 및 숙제 하기 ☐ 30분간 아이와 함께 책 읽기 ☐ 주제를 정해 30분간 해피타임 가지기	☐ 정보검색, 체험활동 하기 ☐ 운동하기 ☐ 온 가족이 모여 식사 하기	☐ 감정 표현 놀이를 하며 아이와 소통하기 ☐ 정보검색, 체험활동 하기 ☐ 일주일간의 공부 내용 정리하기 ☐ 다음 주 계획 작성하기

2월 학습 체크리스트

	M	T	W
a.m — 08			
09			
10			
11			
p.m — 12			
01			
02			
03			
04			
05			
06			
07			
08			
09			
10			

M	T	W
☐ 국어·영어·수학 교과서 읽고 예습, 복습 하기 (학교 수업에 따라 과목 선정)	☐ 국어·영어·수학 교과서 읽고 예습, 복습 하기 (학교 수업에 따라 과목 선정)	☐ 국어·영어·수학 교과서 읽고 예습, 복습 하기 (학교 수업에 따라 과목 선정)
☐ 학교 숙제 하기	☐ 학교 숙제 하기	☐ 학교 숙제 하기
☐ 학원 수업 복습 및 숙제 하기	☐ 학원 수업 복습 및 숙제 하기	☐ 학원 수업 복습 및 숙제 하기
☐ 30분간 아이와 함께 책 읽기	☐ 30분간 아이와 함께 책 읽기	☐ 30분간 아이와 함께 책 읽기
☐ 주제를 정해 30분간 해피타임 가지기	☐ 주제를 정해 30분간 해피타임 가지기	☐ 주제를 정해 30분간 해피타임 가지기

T	F	S	S

- ☐ 국어·영어·수학 교과서 읽고 예습, 복습 하기
(학교 수업에 따라 과목 선정)
- ☐ 학교 숙제 하기
- ☐ 학원 수업 복습 및 숙제 하기
- ☐ 30분간 아이와 함께 책 읽기
- ☐ 주제를 정해 30분간 해피타임 가지기

- ☐ 국어·영어·수학 교과서 읽고 예습, 복습 하기
(학교 수업에 따라 과목 선정)
- ☐ 학교 숙제 하기
- ☐ 학원 수업 복습 및 숙제 하기
- ☐ 30분간 아이와 함께 책 읽기
- ☐ 주제를 정해 30분간 해피타임 가지기

- ☐ 정보검색, 체험활동 하기
- ☐ 운동하기
- ☐ 온 가족이 모여 식사 하기

- ☐ 감정 표현 놀이를 하며 아이와 소통하기
- ☐ 정보검색, 체험활동 하기
- ☐ 일주일간의 공부 내용 정리하기
- ☐ 다음 주 계획 작성하기

Note.

Note.

Note.

Note.

Note.

Note.

Note.

Note.

Note.

Note.

Note.

Note.

Note.

Note.

Note.

Note.

Note.

Note.

Note.

Note.

Note.

Note.

Note.

Note.

Note.

Note.

Note.

Note.

Note.

Note.

Note.

Note.

Q&A
엄마들이 궁금해하는 초등 학습 18문 18답

1
학습편

1. 초등 저학년 국어는 어떻게 공부해야 할까요?

-> 사실 국어 과목은 소홀하기 쉽습니다. 모국어이기 때문이지요. 그러나 사용하는 언어로서의 국어와 시험용 국어는 다릅니다. 모든 한국 사람이 한국어를 하지만, 국어 시험에 모두 100점을 받는 것은 아니니까요. 따라서 시험용 국어의 핵심을 파악해 공부하는 것이 중요합니다. 우리나라 말에는 한자어가 많습니다. 뜻글자인 한자어를 모르면 국어시험 자체가 어려워질 수 있습니다. 국어 독해력이 떨어지면 수학, 과학, 사회, 영어 과목도 결코 잘 할 수 없고요. 국어가 모든 과목의 기본이 되는 셈입니다. 따라서 초등 저학년 때부터 어휘력 향상을 위한 공부, 한자 익히기, 독해 및 추론 능력 기르기 등 국어 공부에 신경을 써야 합니다. 아이들이 국어를 못하는 이유는 수학, 영어에 비해 투자한 공부 시간이 적어서이기도 합니다. 따라서 비교적 시간이 있는 초등 저학년 때 국어 중심 공부를 하는 것을 권합니다.

2. 초등학교 2학년인 다른 친구들은 초등학교 5학년 선행학습을 하는 경우도 있습니다. 사실 수학 선행 학습을 어느 정도까지 해야 하는지 고민입니다. 올바른 선행학습 방법이 있을까요? 더불어 사고력 수학은 언제까지 해야 할까요?

-> 선행학습을 하는 이유는 학교 시험 때문입니다. 시험은 제한시간 안에 문제를 풀어야 하기 때문에 실력에 따라 시간이 부족하기도 하고 남기도 합니다. 이때 초등학교 3학년이 5학년 과정까지 수학 공부를 했다면, 3학년 문제는 쉽고 빠르게 풀 수 있다는 생각 때문에 선행학습을 하고자 하는 것이죠. 그러나 선행학습은 무조건 앞서가는 것이 아니라 아이의 실력에 따라 난이도를 높여가며 진행해야 합니다. 더불어 선행학습을 하느라 제 교과 과정을 소홀히 하면 오히려 역효과를 얻을 수 있습니다. 수학은 놀이수학-교구수학-사고력수학-교과수학-경시수학으로 구분됩니다. 어릴 적부터 수학에 친숙한 학생이 수학을 잘하게 될 확률이 높은 것도 사실이죠. 따라서 7세부터 초등 저학년까지 사고력수학을 공부해 수학에 대한 친근함을 키워주면 이후 교과수학, 경시수학을 해야 하는 시기에도 도움이 될 것입니다.

3. 영어 공부법이 궁금합니다. 영어유치원을 다녔는데 이어서 영어 학원까지 바로 연결해 공부해야 할까요? 내신 중심의 학원으로 옮기는 것은 언제 해야 할까요?

-> 영어유치원을 졸업한 후 선택은 두 가지로 정리됩니다. 영어는 어느 정도 익혔으니 수학에 더 집중해 공부하겠다는 경우와 영어를 잃어버리는 것이 걱정돼 일주일 내내 영어학원을 보내는 경우입니다. 사실 두 경우 모두 맞지 않습니다. 영어유치원을 다닌 아이들은 일정 수준 이상의 영어 실력을 가지고 있다고 판단합니다. 이때 영어 공부를 완전히 놓게 되면 지금까지 학습한 내용을 급속도로 잊어버립니다. 그렇다고 일주일에 5일씩 영어학원에 보내면 수학이나 과학을 공부할 시간이 절대적으로 부족합니다. 교과목이 영어만 있지 않다는 것을 기억해야 합니다. 일주일에 2~3회 정도 학원을 다니고 나머지는 집에서 영어책 읽기, 영어 일기 쓰기, 독해 교재 풀기 등의 학습을 병행하면 충분합니다. 일주일에 한번은 엄마와 영어 대사가 나오는 영화나 드라마를 보는 것도 좋습니다. 되도록이면 자막 없이요.

4. 학습에 대해 중요순위와 시간 배분 방법을 알려주세요. 매일 매일의 학습 내용과 방법도 궁금합니다.

-> 일단 학교 시간표를 외우게 합니다. 그리고 국어, 영어, 수학 등 중요 과목은 그날 공부한 내용을 잠깐이라도 복습하게 합니다. 전부 다시 공부하는 게 아니라 오늘 배운 내용 중 중요한 것과 목차 정도만 확인해도 도움이 됩니다. 주말에는 사회, 과학 등 조사하거나 체험이 필요한 과목을 공부합니다. 공부는 주단위로 해야 밀리지 않습니다. 주중에 학교 공부를 복습하고 학원 숙제하고 매일 30분간은 본인이 원하는 것을 해야 하루하루가 행복합니다. 이는 주간 계획표를 작성해 실천하면 편합니다.

5. 초등학교 고학년부터는 영어와 수학의 비중을 어떻게 해 공부하는 것이 좋을까요?

-> 학생이 가진 실력에 따라 개인적인 차이가 있지만, 유아기부터 국어→영어→수학 순서로 공부해야 합니다. 초등 고학년이 되면 국어는 시험용 국어에 대비해야 하고, 수학은 학교 수업 진도를 나가야 합니다. 영어는 초등 5-6학년 무렵 영어공인성적 시험에 도전하는 것도 좋습니다.

6. 자기주도적인 학습 습관은 어떻게 형성되나요?

-> 자기주도학습의 정의는 본인이 공부를 계획하고, 실천하고, 평가하는 것입니다. 공부의 주체가 학생 자신이 되는 것이죠. 이는 성인 학습의 개념이기도 해 아이들이 스스로 하기 어렵습니다. 그래서 아이가 어릴 적부터 공부습관을 만들어주어야 합니다. 유아(5세)부터 하루에 30분 정도 책상에 앉아 공부하는 습관을 만들면 됩니다. 점차 앉아서 공부할 수 있는 시간이 늘 것이고, 아이 역시 자발적인 학습이기에 재미있게 공부를 할 수 있습니다. 만일 유아기 때 공부습관을 만들지 못했다 하더라도, 늦었다고 생각하지 말고 천천히 습관을 들이면 됩니다. 자기주도학습 습관의 포인트는 "공부는 재미있고, 매일 공부하니 엄마가 칭찬해준다"는 사실을 아이가 인지하게 하는 것입니다.

7. 수행평가는 어떻게 준비해야 하나요?

-> 수행평가에서 가장 중요한 것은 평가지침입니다. 중학교에 들어가면 과목별 수행평가가 나오는데 반드시 평가지침이 있고 이는 교실 벽면에 게시됩니다. 여기에 관심을 갖고 사진을 찍어 가져와 그 내용에 따라 준비하면 됩니다. 교사가 요구하는 조건에 맞춘다고 생각해야 합니다. 만일 요구하는 기준을 못 맞추면 감점을 당하게 됩니다. 7점짜리 수행평가인데 조건을 하나도 못 맞추면 제출을 해도 0점이 될 수 있음을 기억하고, 반드시 평가지침서에 맞게 준비해야 합니다.

2
진학/진로편

1. 제주 국제학교로의 진학 로드맵이 궁금합니다.

-> 제주 국제학교는 유아부터 고3까지의 수업과정이 있습니다. 만일 해외대학을 원한다면 제주국제학교에서 전과정을 밟는 것이 유리할 것입니다. 그러나 국내대학으로의 진학을 원하고 수능을 볼 의향이 있다면, 초등학생 때 3년 미만의 학습을 권합니다.

2. 서울대학교 입학을 원한다면, 초등학교 이후 어떤 방향으로 진학을 하는 것이 도움이 될까요?

-> 서울대 입시는 수시와 정시로 나뉩니다. 수시는 지역균형과 일반전형이 있는데, 두 전형 모두 학생부종합전형입니다. 학생부종합전형은 교과(내신)와 교과 외 활동을 정성평가하는 전형으로 학업 성적이 우수하고 교내 활동이 활발한 학생을 선발합니다. 이는 결코 학교유형에 따라 유 / 불리가 있는 것은 아닙니다. 다만 외고를 비롯한 특목고는 교내활동이 왕성하고 이를 학교생활기록부에 기재해주기 때문에 활동 면에서는 유리하다고 할 수 있습니다.

3. 아이의 적성을 언제, 어떻게 알아봐야 할까요?

-> 2015 개정 교육과정에서 원하는 인재는 창의융합형 인재입니다. 즉 문과 이과를 구분하지 않고 여러 능력이 융합된 인재를 원합니다. 그러므로 '우리 아이가 문과인가? 이과인가?'라는 주제로 고민하지 않아도 됩니다. 국어, 수학, 영어, 사회, 과학 등 주요 과목을 골고루 공부하게 하면 됩니다. 그럼에도 팁을 묻는다면 가급적 이과 능력을 키워주는 것이 좋다고 생각합니다. 어릴 적부터 수학, 과학 공부를 즐겁게 하면 차후 학과 선택의 폭이 넓어지기 때문입니다.

4. 중학교 진학을 앞둔 마지막 겨울 방학은 어떻게 보내야 할까요?

-> 곧 중학교 입학을 앞둔 초등학교 6학년 겨울방학은 엄마와 아이 모두 긴장을 하는 시기입니다. 6년간의 초등학교 생활을 마치고 새로운 환경에 들어가게 되니까요. 중학교 1학년은 자유학년제로 중간고사, 기말고사 같은 시험이 없습니다. 그렇다고 완전하게 자유로울 수 있는 것은 아닙니다. 수행평가라는 이름으로 다양한 평가가 있습니다. 수업태도, 발표능력, 토론능력, 과제제출 등 다양한 면을 평가하는데, 이를 위해서는 수업에 충실히 참여하는 것이 가장 중요합니다. 독서하기, 글쓰기, 말하기, 스케치하기, 사진 찍기와 편집, 동영상 찍기와 편집 등 다양한 능력도 필요합니다. 특히 컴퓨터를 다루는 능력이 중요하기 때문에 미리 익힐 수 있게 해주면 도움이 됩니다. 자유학년제는 진로와 연계된 활동이 많으니 아이 스스로 꿈과 미래에 관해 정리해보는 시간을 가지는 것도 좋습니다.

5. 학생부종합전형은 어떤 식으로, 언제부터 준비해야 하는지요?

-> 학생부종합전형은 수시의 한 종류로 학교 내신과 학교 활동을 종합적으로 평가하는 제도입니다. 즉 학교 성적도 좋고 다양한 활동을 한 학생들을 뽑는 것이지요. 서울에 있는 명문대들은 대부분 학생부종합전형으로 많은 학생들을 선발합니다. 이 전형은 학생의 학업역량, 자기주도학습 능력, 전공적합성 활동, 발전가능성, 인성 등을 정성적으로 평가하는데, 이는 하루아침에 만들어지는 것이 아닙니다. 어릴 적부터 본인의 꿈과 진로에 대해 고민하고 관련 활동을 많이 해서 그 결과물을 평가 받는 것이기 때문입니다. 입시는 최근 3년 자료만 평가하기 때문에 초등학교 시기의 결과물이 대입에 쓰이는 것은 아닙니다. 다만 누적된 활동의 결과가 진정성으로 인정받게 되는 것을 기억하기 바랍니다.

6. 아이의 진로를 아이 스스로가 원하는 방향으로 만들어 가도록 하려면 어떤 도움을 주어야할까요?

-> 초등학교 때부터 입시, 진로를 과하게 걱정하거나 고민하는 것은 오히려 역효과가 있을 수 있습니다. 다만 부모는 아이의 이후 학습 과정까지 염두 해 학습 로드맵을 짜야 하기도 합니다. 이때 필요한 것이 거꾸로 로드맵입니다. 물론 아이가 되고 싶은 것이 변할 수 있겠지만, 그렇다고 해도 로드맵 상의 큰 변화는 없습니다. 만약 아이가 변호사가 되고 싶다고 한다면 결과는 로스쿨 입학입니다. 이를 위해 필요한 요소들을 체크해 나가는 것이죠. 예를 들어 연세대 로스쿨 1단계는 LEET(법학적성시험-언어이해 / 추리논증 영역), 학부성적, 공인영어성적, 서류평가(자기소개서, 기타 별첨서류)이고 2단계는 구술면접입니다. 더불어 연세대 로스쿨은 법적으로 2/3를 연세대 출신으로 뽑을 수 있고 IBT토플은 94점 이상이어야 자격을 얻을 수 있습니다. 학부성적은 4.3만점 기준으로 4.3인 경우 만점이고, 그 이하는 감점됩니다. 토플은 118점이 만점을 받습니다. 이런 기준에 따르면 연세대 법학선문내학원에 들어가려면 연세대 학생, 대학내신이 좋은 학생, 영어 잘하는 학생이 유리하다는 결론을 얻을 수 있습니다. 영어공인성적, 지속적으로 내신 관리를 할 수 있는 공부 습관 등을 초등학교 때부터 조금씩 키워야 한다는 결론도 얻을 수 있죠. 아이의 진로가 고민이라면 자녀와 함께 미래에 관해 이야기를 자주 나누고, 진로에 대해 현실적으로 접근하기 바랍니다. 그래야 해야 하는 일이나 아이의 마음가짐 또한 현실적으로 바뀝니다.

3
엄마의 고민편

1. 초등학교 1학년 아이에게는 신나게 노는 것도 중요하다고 생각합니다. 그래서 꼭 필요한 학습과 그렇지 않은 것을 판단하고 싶습니다. 아이를 위해 어떤 것이 중요할까요?

-> 초등학교 1학년 시기에 가장 중요한 것은 '학교가 재미있다. 선생님이 좋다. 친구가 좋다. 공부가 재미있다'라는 생각을 하는 것입니다. 즉 학교생활이 즐거워야 합니다. 이럴 때 엄마의 반응이 중요합니다. "오늘 야단맞았니?"라고 묻기보다 "오늘 어떤 거 배웠어? 즐거웠어?"라고 질문해야 합니다. 학습의 경우 국어는 읽기, 듣기, 말하기, 쓰기를 골고루 학습하도록 하고, 수학은 사고력 중심, 과학은 실험중심으로 공부하게 하면 좋습니다.

2. 아이가 아직 어리기 때문에, 입시까지 큰 그림을 그려 지치지 않고 꾸준하게 학습을 이어가고 싶습니다. 아이와 엄마가 모두 지치지 않고 입시까지 무사히 끝낼 수 있는 방법을 알려주세요.

-> 아이가 10살 이전에 너무 많은 종류의 학습을 하게 될 경우, 엄마와 아이 모두 지치게 됩니다. 반대로 5살부터 하루에 30분~40분 정도 책상에 앉아 스스로 공부하는 습관을 갖게 되면 공부를 일상처럼 하게 됩니다. 따라서 초등학교 3학년까지는 '공부는 매일 하는 것, 공부는 재미있는 것'으로 아는 것만도 충분합니다. 초등 4학년부터는 다음 단계입니다. 본격적으로 공부를 해야 하는 시기죠. 이때는 공부의 양보다 질이 중요합니다. 하루에 한 시간만 공부해도 온전하게 집중히면 효과가 좋을 겁니다. 초등학교 시기 이후 중학교 3학년부터는 '누가, 얼마나, 많이' 공부하는지가 중요합니다. 학생들이 특목고에 입학할 때 성적이 비슷해도 졸업할 때 합격하는 대학이 다른 것은 공부 양의 차이 때문입니다.

3. 아이에게 초등 사춘기가 시작되었는데 현재 학습 방법을 유지하려면 어떻게 해야 할까요? 사춘기 대비 방법을 알려주세요.

-> 사춘기의 가장 큰 변화는 살갑던 아이들이 자기 방으로 들어가 숨고, 감정 기복이 심해 금새 화를 내기도 하고, 금새 다정해지기도 하는 것입니다. 잠이 많아져 공부할 시간이 부족하기도 하죠. 이는 생리적 현상으로 시간이 지나면 조금씩 나아질 것입니다. 이 때 가장 중요한 것은 부모와 자녀의 관계입니다. 서로 이해하면서 잘 보내야 하니 화 내거나 잔소리를 하기 보다는 이해를 먼저 해주기 바랍니다. 아이의 변화를 이해하고, 부모가 조급해하지 않으면 아이도 점차 안정을 찾습니다. 공부는 영어, 수학만 놓치지 않도록 해주면 됩니다.

4. 초등학교 때 학군을 고려한 이사를 하게 되는 것이 괜찮은가요?

-> 이사는 많은 엄마들의 고민입니다. 한 동네에서도 A초등학교가 좋다, B초등학교가 좋다라는 평가가 있고 지금 사는 동네보다는 다른 동네가 더 좋아 보이기도 하죠. 대치동으로 이사를 해야 하는지에 대한 고민도 하곤 합니다. 사실 이사의 목적은 공교육보다 사교육과 더 밀접한 연관을 가지고 있죠. 학원이 많은 동네로 이사가면 학원 선택이 편리하고, 교육인프라도 좋은 것이 사실입니다. 그러나 무리한 이사를

추천하지는 않습니다. 더불어 먼 거리의 학원을 다니는 것도 초등 저학년 때는 무리라고 판단됩니다. 일단 신체적으로 너무 힘들고, 동네 친구 사귈 시간이 없어 외롭기도 할 것입니다. 다만 초등 고학년이 되면 학생의 객관적 실력과 위치를 알기 위해 전국단위 수학 / 영어 경시대회에 참가해보거나 방학 무렵 대치동 학원 레벨테스트 등을 시도해 보기를 권합니다. 이 시기는 초등학교 4학년 정도가 좋습니다.

5. 직장맘이 되면 아이 학습과 생활관리 어떻게 해야 할지 걱정입니다.

-> 다시 일을 시작 하는 경우, 먼저 아이에게 엄마의 상황을 설명하고 이해시켜야 합니다. '왜 다시 직장에 나가야 하는지, 엄마가 하고 싶은 일은 무엇인지' 등에 대해 아이의 이해를 구하고 나면 협조를 요청해야 합니다. 물론 남편을 비롯한 가족의 협력도 아주 중요합니다. 가사는 분담하고 퇴근 후에는 아이와 함께 보낼 수 있는 시간을 만들어야 합니다. 오후 7시부터 10시까지의 시간이 아이와 함께 하는 해피타임이 되어야 합니다. 아이와 눈을 마주치고 10분간 이야기를 나누세요. 함께 식사준비를 하고, 식사를 마친 이후에 1시간 정도 공부를 봐주면 10시가 될 것입니다. 이때부터는 엄마도 쉬어야 내일 일을 편안하게 할 수 있습니다. 저녁 시간을 적절하게 분배하고, 짧은 시간이라도 온전하게 아이에게 집중하고 있다는 느낌을 전한다면 아이도 엄마의 마음을 알아 줄 것입니다.

* 혼자 끙끙거리는 엄마들을 위한 방송, 유튜브 샤론코치TV '샤론코치의 톡톡톡'. 이제 함께 고민을 나눠봐요.
  방송 보러 가기 -> www.youtube.com/샤론코치TV

KI신서 7344
초등 1-3학년 학습 다이어리

1판 1쇄 인쇄 2018년 2월 26일
1판 3쇄 발행 2020년 12월 29일

지은이
샤론코치 이미애

펴낸이
김영곤

펴낸곳
(주)북이십일 21세기북스

디자인
OON / oonsiot@gmail.com

영업팀
한충희 김한성 이광호 오서영

제작팀
이영민 권경민

출판등록
2000년 5월 6일 제406-2003-061호

주소
(10881) 경기도 파주시 회동길 201(문발동)

대표전화
031-955-2100

팩스
031-955-2151

이메일
book21@book21.co.kr

(주)북이십일 경계를 허무는 콘텐츠 리더
21세기북스 채널에서 도서 정보와 다양한 영상자료, 이벤트를 만나세요!

페이스북
facebook.com/jiinpill21

포스트
post.naver.com/21c_editors

인스타그램
instagram.com/jiinpill21

홈페이지
www.book21.com

유튜브
www.youtube.com/book21pub

서울대 가지 않아도 들을 수 있는 명강의! <서가명강>
네이버 오디오클립, 팟빵, 팟캐스트에서 서가명강을 검색해보세요!

ⓒ 이미애 2018
ISBN 978-89-509-7391-9 13590

책값은 뒤표지에 있습니다.
이 책 내용의 일부 또는 전부를 재사용하려면 반드시 (주)북이십일의 동의를 얻어야 합니다.
잘못 만들어진 책은 구입하신 서점에서 교환해드립니다.